AF726702

Der Praktikumsbericht

Bausteine für schriftliche Ausarbeitungen im Kita-Praktikum

Walter Ellermann

Martina Bromeis

Handwerk und Technik · Hamburg

ISBN 978-3-582-04771-7 Best.-Nr. 4771

Das Werk und seine Teile sind urheberrechtlich geschützt. Jede Nutzung in anderen als den gesetzlich oder durch bundesweite Vereinbarungen zugelassenen Fällen bedarf der vorherigen schriftlichen Einwilligung des Verlages. Die automatisierte Analyse des Werkes, um daraus Informationen insbesondere über Muster, Trends und Korrelationen gemäß § 44b UrhG („Text und Data Mining“) zu gewinnen, ist untersagt.

Die Verweise auf Internetadressen und -dateien beziehen sich auf deren Zustand und Inhalt zum Zeitpunkt der Drucklegung des Werks. Der Verlag übernimmt keinerlei Gewähr und Haftung für deren Aktualität oder Inhalt noch für den Inhalt von mit ihnen verlinkten weiteren Internetseiten.

Verlag Handwerk und Technik GmbH,
Lademannbogen 135, 22339 Hamburg; Postfach 63 05 00, 22331 Hamburg – 2024
E-Mail: info@handwerk-technik.de– Internet: www.handwerk-technik.de

Satz: abavo GmbH, 86807 Buchloe
Umschlagmotiv: Alex Potemkin/istockphoto.com
Illustrationen: Bernhard Speh, Hamburg
Druck: Beltz Grafische Betriebe GmbH, 99947 Bad Langensalza

Inhaltsverzeichnis

Legende der Elemente im Buch

Bausteine – als Vorlage oder Leitfaden

Baustein C: Das pädagogische Tagebuch

Aufzeichnung-Nr.: ____________________
Datum: ____________________
Gruppe/Einsatzgebiet: ____________________

Inhalte und Fragestellungen:
Mit welchem Gefühl habe ich die heutige Arbeit begonnen?

____

Wie verlief die Kontaktaufnahme mit den Kindern?

Baustein V: Leitfragen zur Reflexion der Erfahrungen im Praktikum

1 Die Einrichtung
Wie habe ich mich in den vorgegebenen Strukturen hinsichtlich Zeit/Aufgaben/Raumnutzung gefühlt? In welcher Weise habe ich mich mit der Konzeption der Einrichtung befasst? An welchen Stellen konnte ich erfahren, dass die Konzeption in der Einrichtung gelebt wird? Was würde ich an der Konzeption ändern? Welche Einblicke habe ich in die Organisation der Einrichtung erhalten? Inwiefern passt die Arbeit der Einrichtung zu den Schwerpunkten, die ich in meinem späteren Beruf setzen möchte?

Beobachtungen:
Wen habe ich beobachtet (Namen anonymisieren)? Warum habe ich gerade dieses Kind/diesen Jugendlichen beobachtet, gab es einen besonderen Anlass? Nach welchem Beobachtungsverfahren bin ich vorgegangen? Zu welchem Zeitpunkt und in welchem Zeitraum habe ich beobachtet? Konnte ich klar zwischen Beobachtungen und
chem Kind konnte ich welche Entwicklungs-/Lernfortschritte feststellen?

Hinweise, Kapitelverweise, Bausteinverweise

> Kap. 5

Bei einem projektorientierten Vorgehen müssen die Kinder an der Auswahl und Gestaltung der Themen beteiligt werden.

Im > Baustein O: Projektdarstellung finden Sie zur schriftlichen Beschreibung Ihres Projektes weitere Impulse. Der > Baustein P: Reflexion eines Projektes gibt Ihnen Anregungen zur kritischen Betrachtung Ihres projektorientierten Vorgehens oder Projektes.

> Baustein O
> Baustein P

Checklisten

Checkliste Einrichtung und Tätigkeiten

Darstellung der Einrichtung, Tätigkeiten, Interaktionen	Bemerkungen	✓
Was sollte der Leser/die Leserin meines Berichtes unbedingt über die Einrichtung wissen?		
Gibt es Aspekte der Konzeption, die ich beschreiben möchte?		
Gibt es Räumlichkeiten Bereiche des Außengeländes, die im Bericht vorgestellt werden sollten?		

Beispiele

Beispiel Planungsstruktur eines Lernarrangements in der Kita: „Gestaltung einer Tastwandraupe"

Deckblatt:
- Name und Adresse der Schule/Hochschule:
- Name der Praktikantin/des Praktikanten:
- Klasse/Seminar:
- Titel: Planung eines Lernarrangements „**Gestaltung einer Tastwandraupe**"
- Tag und Uhrzeit der Durchführung:

Beispiel: Konfliktsituation im Praktikum

Die Kita-Leiterin kommt an dem Raum vorbei, in dem Leon, der Praktikant, mit einer Gruppe von acht Kindern Bewegungsspiele durchführt.

Leiterin: Leon, muss das sein, dass Ihre Gruppe einen solchen Lärm macht?

Sozialpädagogisches Theoriewissen

5.2.4 Protokoll einer offenen Beobachtung

Für bestimmte Beobachtungsverfahren wie z. B. Bildungs- und Lerngeschichten ist die offene Beobachtungform ein wichtiger erster Schritt. Das Kind wird dabei in seinem individuellen Tun in den Fokus gerückt.

6.2 Die Planung von Lernarrangements in der Kita

Die bisher bestehenden elementardidaktischen Konzepte bieten Ihnen keine vorgefertigten Rezepte für das richtige Vorgehen in der Praxis. Daher bleibt Ihnen bei der Planung von Aktivitäten nur eine Lösung: Sie müssen selbst zur Didaktikerin/zum Didaktiker werden, indem Sie Ihr Vorgehen fachlich begründen und Ihre didaktisch-methodischen Kompetenzen im Bericht verdeutlichen.

Kompetenzraster Praktikant/-in

Kompetenzraster			
Handlungsebene	Die Praktikantin/der Praktikant nimmt einzelne Kinder und die Kita-Gruppe bewusst wahr, wendet Methoden der Beobachtung an und leitet daraus gezieltes pädagogisches Handeln ab.		
Sachkompetenz		**Personale Kompetenz**	
Ich kann …			
Wissen	**Fertigkeiten**	**Sozialkompetenz**	**Selbstkompetenz**
… Faktoren benennen, die die Wahrnehmung beeinflussen. … den Unterschied zwischen teilnehmender und nicht-teilnehmender Beobachtung	… treffende Begriffe für die Beschreibung von Verhaltensweisen von Kindern finden. … Verhaltensbeobachtungen und Deutung von Verhalten voneinander trennen.	… Zugang zu einzelnen Kindern finden. … mich in unterschiedliche Kinder einfühlen und meine Empathie ausdrücken. … Bedürfnisse und Wünsche	… eigene Wahrnehmungen äußern und selbstorganisiert Beobachtungen durchführen. … eigene Beobachtungsziele setzen und Beobachtungsthemen entwickeln.

Abb. 0.1 Elemente

Vorwort

„Wozu noch ein Bericht?" Vielleicht stellen auch Sie sich diese Frage gerade, weil Sie ein Praktikum in einer Kita ableisten wollen und diese Aufgabe an Sie herangetragen wird. Sollte es in dieser Zeit nicht vor allem um die Praxis und um die lebendige Begegnung mit den Kindern gehen? Wie passt die Ernsthaftigkeit, die in dem Wort „Bericht" mitschwingt, zu der Offenheit und Leichtigkeit, die Sie zurzeit in der Begegnung mit den Kindern erleben?

Wer sich diese Fragen stellt, befindet sich möglicherweise noch ganz am Anfang einer Ausbildung und hat sich mit dem Berufsbild einer Sozialpädagogischen Assistentin/eines Sozialpädagogischen Assistenten, einer Erzieherin/eines Erziehers oder einer Kindheitspädagogin/eines Kindheitspädagogen noch nicht näher auseinandergesetzt.

Wozu also ein Bericht? Praktika im Rahmen von Ausbildungs- oder Studiengängen bereiten auf Situationen im Berufsfeld vor, die häufig nicht spontan zu bewältigen sind, sondern Fähigkeiten erfordern, die im Rahmen von Ausbildung und Studium erst entwickelt und eingeübt werden müssen. Spezifische Aufgaben im Praktikum sollen auf ein Berufsfeld vorbereiten, das durch Komplexität der Arbeit und ein hohes Maß an Verantwortung gekennzeichnet ist. Die Wahrnehmung der Kinder, eine bewusste Beziehungs- und Bindungsgestaltung, das Begleiten und Gestalten entwicklungsfördernder Bildungssituationen sowie die Arbeit mit dem sozialen Umfeld erfordern besondere, berufsspezifische Kompetenzen. Die Professionalität, die im alltäglichen Handeln einer Kita-Fachkraft deutlich wird, gründet wesentlich in *ihrer Fähigkeit, Vorgänge in der Praxis angemessen darzustellen und zu reflektieren*.

- Praxisberichte im Rahmen von Ausbildungs- oder Studiengängen dienen der Entwicklung dieser Fähigkeiten.

Wer sich in einer Ausbildung an einer Berufsfachschule, Fachschule, Fachakademie oder Hochschule zur Kita-Fachkraft befindet und im Rahmen dieser Ausbildung ein Praktikum absolviert, hält mit diesem Buch einen **Ratgeber** in Händen, der viele Anregungen für einen sinnvoll strukturierten Bericht und Tipps für inhaltliche Ausgestaltung der Praxis enthält. Die Texte bieten Orientierung zu Aufbau und möglichen Inhalten eines fachlich ausgerichteten Berichtes.

Die Anforderungen und schriftlichen Aufgaben sind von Praktikum zu Praktikum sehr unterschiedlich, daher wird hier nicht gezeigt, wie ein „perfekter" Bericht aussehen sollte, sondern es werden vielfältige Anregungen zur Auseinandersetzung mit selbst gewählten Schwerpunkten und Themen gegeben.

Konkrete Hilfen bieten vor allem die Bausteine von A bis Z, aus denen ein individueller Bericht entstehen kann. Sie sind das, was Bausteine in der Kita für die Kinder sind: Sie bilden die Basis, geben zwar bestimmte Strukturen vor, lassen aber viel Raum für eigene Ideen!

- Ein gelungener Bericht im Kita-Praktikum ist eine gute Vorbereitung für das Berichteschreiben in anderen sozialpädagogischen Arbeitsfeldern. Viele Hinweise und Tipps lassen sich auf andere Bereiche, z.B. die offene Kinder- und Jugendarbeit, übertragen.
- Auch für das Schreiben von Haus- oder Seminararbeiten, in denen es um einen konkreten Praxisbezug geht, finden sich Anregungen.

Entstanden ist das Buch aus den Erfahrungen bei der Begleitung von Praktikanten und Praktikantinnen in Theorie und Praxis, die mit ihrer offenen Haltung und kreativen Ideen für einen lebendigen Erfahrungsaustausch gesorgt haben. Manche Hinweise stammen von Praxisanleiterinnen und Praxisanleitern, die sich noch gut an das etwas mühselige Geschäft des Berichteschreibens in ihrer eigenen Ausbildung erinnern. Manchmal wird erst in der Rückschau deutlich, dass die Mühe sich gelohnt und zum souveränen Handeln im Berufsalltag beigetragen hat.

Lübeck, im Frühjahr 2024
Martina Bromeis, Walter Ellermann und der Verlag

1 Ziel und Zweck des Buches

Abb. 1.1 In der Kita

Praktikantinnen und Praktikanten findet man in fast jedem Team einer Kindertagesstätte (Kita). Sie bringen nicht alle die gleichen Voraussetzungen mit und kommen aus den unterschiedlichsten Gründen. Gehören Sie auch dazu? Vielleicht möchten Sie damit klären, ob Sie die Arbeit in einer Kindertagesstätte später zu Ihrem Beruf machen wollen, und befinden sich in einem „Schnupperpraktikum", bevor Sie sich für eine Ausbildung oder ein Studium entscheiden. Oder Sie sind bereits in einer Ausbildung und müssen ein Pflichtpraktikum ableisten: Dann besuchen Sie eventuell eine Berufsfachschule und machen eine Ausbildung zur Sozialpädagogischen Assistentin/zum Sozialpädagogischen Assistenten[1]. Oder Sie sind Studierende[2] an einer Fachschule oder Fachakademie für Sozialpädagogik oder müssen ein Praxissemester im Rahmen eines Studiums im Bereich der Früh- und Kindheitspädagogik ableisten. Zu welcher Gruppe Sie auch gehören – allen Praktikantinnen und Praktikanten ist gemeinsam,

1 Sozialpädagogische Assistenten/Assistentinnen oder Kinderpfleger/-innen gehören zu den sogenannten „Assistenzkräften" oder „Ergänzungskräften", die im Kita-Team gemeinsam mit den „sozialpädagogischen Fachkräften" bei der Erziehung, Bildung und Betreuung der Kinder tätig sind.

2 Je nach Bundesland haben angehende Erzieherinnen und Erzieher in der vollzeitschulisch geregelten Fachschulausbildung den Status von „Studierenden" oder „Schülerinnen und Schülern".

dass sie einen Bericht über ihre Zeit in der Kita verfassen müssen. Eine schriftliche Ausarbeitung! Ausgerechnet jetzt, wo es nach Unterricht oder Seminarveranstaltungen doch eher darum gehen sollte, endlich in der Praxis anzukommen und eigene Erfahrungen zu sammeln.

Reicht es da nicht, die Erfahrungen einfach aufzuschreiben und zusammenzufassen? Die folgenden Ausführungen zeigen Ihnen, worauf es bei einem Praxisbericht im Rahmen einer Ausbildung oder eines Studiums wirklich ankommt.

1.1 Gebrauchsanweisung für das Buch

Befinden Sie sich gerade in Ausbildung zur Kita-Fachkraft oder in einem Studium, das auf die Tätigkeit in einer Kita vorbereitet, kann Ihnen dieses Buch dabei helfen, Ihre Erfahrungen oder Planungen in eine Form zu bringen, die den spezifischen Ansprüchen des Arbeitsfeldes Kita gerecht wird. Es bietet Grundlagen zur Entwicklung beruflicher Kompetenzen und bietet Hilfen bei der

- Überprüfung der Berufsmotivation und Entwicklung einer Berufsidentität,
- bewussten Entwicklung der für den Beruf benötigten Kompetenzen,
- Darstellung des Arbeitsfeldes,
- Beschreibung und Analyse pädagogischer Interaktionen im Arbeitsfeld,
- Wahrnehmung und Beschreibung der Kinder,
- Begleitung und Gestaltung von Lern- und Bildungssituationen,
- Reflexion und Dokumentation pädagogischen Handelns.

1.1.1 Kapitelinhalte

Aus der Schwerpunktsetzung ergibt sich, welche Kapitel für Sie besonders relevant sind.

Es werden nachfolgend viele Themen angesprochen, aber nicht alles kann und muss in Ihrem Praktikumsbericht behandelt oder berücksichtigt werden: Im Buch wird zunächst beschrieben, wie Sie die formellen Anforderungen, die an den Bericht gerichtet werden, abklären. Es gibt Hinweise zur sprachlichen Gestaltung des Berichtes und zur Gestaltung eines Deckblatts (> Kap. 2). In > Kap. 3 wird aufgezeigt, wie Sie Ihren Lernprozess im Praktikum dokumentieren können. Weiterhin geht es um das Finden von eigenen Ideen für Themen oder Fragestellungen, die Sie im Bericht behandeln möchten. Die Erfahrungen im Praktikum sind in der Regel so vielfältig, dass die Darstellung und Reflexion des Erlebten reduziert werden müssen.

Sie erhalten Unterstützung bei der Entwicklung einer Grundstruktur für den Bericht, um beim Schreiben einem ‚roten Faden' zu folgen. Sie bekommen konkrete Anregungen, eigene inhaltliche *Schwerpunkte zu bilden* und eine *Gliederung* für den Bericht zu erstellen.

Die weitere Kapitelaufteilung des Buches folgt dem Aufbau eines typischen Praktikumsberichtes: Es geht zunächst um die *Darstellung der Einrichtung*, die Rahmenbedingungen der Arbeit und um besondere Erfahrungen und Begegnungen im Laufe des Praktikums. Der Blick richtet sich besonders auf die *Interaktion und Kommunikation* mit den Kindern, im Team und mit den Eltern (> Kap. 4). Es folgen Hinweise für eine genaue, fachlich ausgerichtete *Beschreibung der Kinder und der Gruppe*, die auf der Basis eigener Beobachtungen erfolgen sollte (> Kap. 5).

In Vorbereitung auf die Aufgaben einer Kita-Fachkraft wird in den meisten Ausbildungsgängen Wert darauf gelegt, dass der Praktikumsbericht die Planung didaktisch-methodisch ausgerichteter *Lernarrangements* oder *Projekte* enthält. Die Grundlagen dazu werden in > Kap. 6 behandelt.

In > Kap. 7 wird schließlich aufgezeigt, wie Sie im Rahmen einer *Gesamtreflexion* die Erfahrungen in der sozialpädagogischen Praxis analysieren und reflektieren können. Die eigenen Motive, Vorgehensweisen und Handlungsmöglichkeiten in der Praxis werden in einer kritischen Rückschau genauer betrachtet. In > Kap. 8 erhalten Sie Tipps zum Umgang mit *Quellen* und zur Überprüfung des *Layouts*. Außerdem erfahren Sie, wie Sie einen *Anhang* zum Bericht gestalten und den Datenschutz beachten.

1.1.2 Checklisten als Erinnerungshilfe

Am Ende der Texte finden Sie kurze Checklisten, mit deren Hilfe Sie abgleichen können, ob Sie bei der Gestaltung Ihres Berichtes vielleicht etwas vergessen haben. Machen Sie sich in der Spalte „Bemerkungen" kurze Notizen, woran Sie noch denken müssen, und machen Sie einen Haken hinter die Punkte, die geklärt sind.

Checkliste Einrichtung und Tätigkeiten

Darstellung der Einrichtung, Tätigkeiten, Interaktionen	Bemerkungen	✓
Was sollte der Leser/die Leserin meines Berichtes unbedingt über die Einrichtung wissen?		
Gibt es Aspekte der Konzeption, die ich beschreiben möchte?		
Gibt es Räumlichkeiten Bereiche des Außengeländes, die im Bericht vorgestellt werden sollten?		
Welche Aufgaben oder Tätigkeiten möchte ich im Bericht		

Abb. 1.2 Beispiel Checkliste

1.1.3 Bausteine als Gestaltungshilfe für den Bericht

Die **Bausteine von A bis Z**, die Sie im Anschluss an jedes Kapitel finden, sollen Ihnen dabei helfen, Ihren individuell angefertigten Berichtstext so zu gestalten, dass er Ihrem persönlichen Entwicklungs- und Ausbildungsstand entspricht. Sie finden Bausteine u.a. zum Erstellen einer Gliederung, eines Ausbildungsplanes oder zur Strukturierung einer Reflexion.

Nicht alle Bausteine werden Sie zur Erstellung Ihres Berichtes benötigen – vielleicht gibt es bereits Vorgaben zur Gestaltung einer

Treffen Sie eine Auswahl, nachdem Sie sich einen Überblick über das Buch verschafft haben: Welche Bausteine könnten für meinen Bericht wichtig sein?

Gliederung von Ihrer Schule/Hochschule oder Sie können auf den Baustein X: Ein Literatur- und Quellenverzeichnis anlegen verzichten, weil Sie in Ihrem Bericht ohne fremde Quellen auskommen. Möglicherweise benötigen Sie in Ihrem Praktikum einen Baustein, der Ihnen Orientierung bei der Durchführung Ihres Projektes mit den Kindern gibt oder Sie darin unterstützt, das Vorgehen strukturiert zu reflektieren – auch den finden Sie hier.

Baustein C: Das pädagogische Tagebuch

Aufzeichnung-Nr.: ____________________

Datum: ____________________

Gruppe/Einsatzgebiet: ____________________

Inhalte und Fragestellungen:
Mit welchem Gefühl habe ich die heutige Arbeit begonnen?

____

Wie verlief die Kontaktaufnahme mit den Kindern?

Abb. 1.3 Beispiel Baustein

1.1.4 Kompetenzen als Schlüsselfunktion

Kompetenzraster			
Handlungsebene	Die Praktikantin/der Praktikant nimmt einzelne Kinder und die Kita-Gruppe bewusst wahr, wendet Methoden der Beobachtung an und leitet daraus gezieltes pädagogisches Handeln ab.		
Sachkompetenz		**Personale Kompetenz**	
Ich kann …			
Wissen	**Fertigkeiten**	**Sozialkompetenz**	**Selbstkompetenz**
… Faktoren benennen, die die Wahrnehmung beeinflussen. … den Unterschied zwischen teilnehmender und nicht-teilnehmender Beobachtung	… treffende Begriffe für die Beschreibung von Verhaltensweisen von Kindern finden. … Verhaltensbeobachtungen und Deutung von Verhalten voneinander trennen.	… Zugang zu einzelnen Kindern finden. … mich in unterschiedliche Kinder einfühlen und meine Empathie ausdrücken. … Bedürfnisse und Wünsche	… eigene Wahrnehmungen äußern und selbstorganisiert Beobachtungen durchführen. … eigene Beobachtungsziele setzen und Beobachtungsthemen entwickeln.

Abb. 1.4 Beispiel Kompetenzraster

Eine Schlüsselfunktion zur Beschreibung Ihrer Entwicklung im Praktikum haben die **Kompetenzraster**, die den > Kap. 3 bis 7 vorangestellt sind. In diesen Kapiteln geht es vor allem um die praktischen Herausforderungen und die inhaltliche Gestaltung eines Praktikums. Die Kompetenzraster sollen Sie darin unterstützen, Ihre eigenen Kompetenzentwicklung im Praktikum zu konkretisieren. Es sind Beispielkompetenzen, die als *Ideenpool* genutzt werden können, um individuelle Ziele für das jeweilige Praktikum festzulegen. Sie bieten Formulierungshilfen und sind als Anregung gedacht, die persönliche Entwicklung in bestimmten Bereichen der Praxis angemessen auszudrücken. Entstanden sind die Beispielformulierungen aus den Erfahrungen bei der Begleitung von Kita-Praktikanten/-innen im Rahmen sozialpädagogischer Ausbildungsgänge, insbesondere bei der Begleitung von angehenden Erziehern und Erzieherinnen. Welche Kompetenzen Sie in Ihrem Praktikum vor dem Hintergrund der Vorgaben Ihrer Ausbildungsstätte entwickeln und in Ihrem Bericht verdeutlichen möchten, entscheiden Sie selbst.

1.2 Der Praktikumsbericht als Schnittstelle zwischen Theorie und Praxis

Eine Ausbildung oder ein Studium im Bereich ‚Bildung und Erziehung in der Kindheit', zu dem die Kindertagesstätten, d.h. Krippen und Kindergärten sowie sozialpädagogische Angebote in Horten oder Ganztagsschulen gehören, geschieht in enger Anbindung an die Praxis (vgl. Jugend- und Familienministerkonferenz/JFMK und Kultusministerkonferenz/KMK 2010, S. 2).

Ein Praktikumsbericht ist zwar keine wissenschaftliche Arbeit, erwartet wird in der Regel jedoch eine selbstständige Auseinandersetzung mit Ausbildungs- oder Studieninhalten, die in direkter Verbindung zu den Erfahrungen im Praktikum stehen. Der Bericht bezieht sich auf eine Phase angeleiteter Praxisausbildung und geht deshalb über einen reinen Erfahrungs- und Tätigkeitsbericht hinaus – er soll bereits erworbene oder noch zu erwerbende *Kompetenzen* verdeutlichen, die Sie auf Ihrem Weg in den Beruf entwickeln.

Theorie und Praxis werden nicht als voneinander getrennte Bereiche betrachtet, sondern in einem handlungs- und entwicklungsorientierten Lernprozess miteinander verknüpft. Die zu entwickelnde berufliche *Handlungskompetenz* wird dabei als Einheit von Wissen und Können verstanden, die auch die Auseinandersetzung mit der eigenen Biografie und persönlichen Merkmalen beinhaltet und sich in der Entwicklung besonderer personaler und sozialer Kompetenzen ausdrückt (vgl. Jugend- und Familienministerkonferenz/JFMK und Kultusministerkonferenz/KMK 2010, S. 8).

Zur Entwicklung von Handlungskompetenz benötigen Sie als angehende Kita-Fachkraft „Theorie" im Sinne von berufsbezogenem Wissen, das auf wissenschaftlich begründeten Erkenntnissen oder Inhalten basiert. Ebenso benötigen Sie „Praxiswissen", das in Interaktionssituationen und praktischen Kontexten, d.h. bei der pädagogischen Arbeit in Institutionen, erworben wird. Beides spielt beim Verfassen Ihres Praktikumsberichtes eine wichtige Rolle – im Idealfall bewegen Sie sich beim Schreiben genau an der Schnittstelle zwischen Theorie und Praxis. In einem gelungenen Praktikumsbericht wird deshalb vor dem Hintergrund der Kenntnis von Theorien sowohl die pädagogische Praxis als auch die eigene Entwicklung beschrieben, analysiert und (selbst-)kritisch reflektierend betrachtet.

Dass der Bericht nicht ‚langweilig' oder ‚trocken' wird, dafür sorgt die lebendige Praxis, aber auch die Tatsache, dass der Praktikumsbericht nicht losgelöst ist von Ihrer Person – im Gegenteil: Der Bericht soll Ihren individuellen Anteil an der Arbeit verdeutlichen und Ihre Fähigkeiten und Fertigkeiten in der Praxis aufzeigen. Er zeigt Sie vor allem als *lernende Person*, die den Prozess zunehmender Professionalisierung im Praktikum bewusst gestaltet und reflektierend begleitet.

2 Vorgaben klären und angemessen formulieren

Abb. 2.1 Sich informieren

Formelle Grundlage für das Praktikum ist die allgemeine *Ausbildungs-, Studien- und Prüfungsordnung* oder die jeweilige *Praktikumsordnung* der ausbildenden Schule oder der das Praktikum fordernden Hochschule. Erste Informationen finden Sie in Begleitschreiben an potenzielle Praxisstellen und in von der Schule/Hochschule erstellten Informationen zum Praktikum. Manchmal gibt es auch Informationsveranstaltungen, die vom Lernort Schule/Hochschule ausgerichtet werden. Die Infos beziehen sich häufig auf die fachliche Begleitung durch die Lehrkräfte[3] oder auf die Qualität der Anleitung oder auf Beurteilungskriterien für die Leistungen im Praktikum. Die Praxisaufgaben und spezifischen Fragestellungen stehen im Zusammenhang mit den Zielsetzungen der Praxiswochen des gewählten sozialpädagogischen Ausbildungsgangs oder Studienschwerpunktes. Sie dienen dazu, die Entwicklung *spezifischer Kompetenzen* im Praktikum zu unterstützen. Einige Ausbildungsstätten verfügen über ein eigens eingerichtetes Praktikumsbüro, deren Mitarbeitende Ihnen bei der Klärung von Fragen helfen können.

3 Hinweis: Als Lehrkräfte werden im Buch zusammenfassend sowohl Lehrerinnen und Lehrer an den Berufsfachschulen, Fachschulen/Fachakademien als auch Dozenten/Dozentinnen an Fachhochschulen und Universitäten bezeichnet.

Spezifische Aufgaben zum Praktikum werden in den meisten Praktika von der Schule/Hochschule vorgegeben. Es kommt aber auch vor, dass auf der Basis gemeinsamer Ziele konkrete Anforderungen oder Aufgaben von der sozialpädagogischen Einrichtung gestellt werden. An einigen Fach- oder Hochschulen wird auch erwartet, dass der Praktikant/die Praktikantin individuelle Ausbildungsziele und damit verbundene Aufgaben selbst formuliert. Das Spektrum möglicher Aufgaben reicht von ersten Beobachtungen einzelner Kinder über die Reflexion des Handelns im beruflichen Alltag bis hin zur Entwicklung von Kompetenzen bei der Formulierung möglicher Forschungsfragen oder -aufgaben.

Informieren Sie sich vor Antritt des Praktikums darüber, welche Ziele, Inhalte oder Aufgaben von Ihrer Schule oder Hochschule für den Praktikumsbericht vorgegeben werden.

Im Praktikumsbericht dargestellte Besonderheiten oder eigenständig entwickelte Fragestellungen können Anlass für eine Präsentation vor anderen Schülern, Schülerinnen oder Studierenden sein. Sie können auch zum Ausgangspunkt für selbstentwickelte Fragestellungen oder Hypothesen werden, die z.B. im Rahmen einer Facharbeit[4] oder Bachelorarbeit weiter untersucht werden.

2.1 Hospitationen und Zeitplanung

Sie sollten kein Praktikum antreten, ohne vor Beginn der Praxiszeiten in der Einrichtung zu hospitieren und sich einen groben Überblick über die Praktikumszeit zu verschaffen.

2.1.1 Hospitationen

Besuche in der Einrichtung vor dem eigentlichen Praktikum (Hospitationen) dienen dazu, sich einen ersten Eindruck von der Kita zu verschaffen. Häufig sind die Besuche mit einem persönlichen Gespräch mit der Leitung oder der Person, die die Praktikantin/den Praktikanten zukünftig anleiten soll, verbunden. Soweit das vorher noch nicht schriftlich erfolgt ist, erhält die Praxisstelle über den direkten Kontakt somit Informationen über formelle Anforderungen und Ziele im Praktikum.

Viele Einrichtungen ermöglichen es den angehenden Praktikanten/-innen, einen Tag in der Kindergruppe zu verbringen, in der das Praktikum voraussichtlich stattfinden wird. Gerade die Freispielzeit bietet einen geeigneten Rahmen, um die Atmosphäre in der Gruppe zu erleben und den Kindern unbefangen in Spielsituationen zu begegnen. In der Regel müssen Sie selbst gar nicht viel tun – die Kinder stellen häufig selbst den Kontakt her. Es genügt, offen zu sein für die ersten Begegnungen und das Geschehen im Raum oder im Außengelände bewusst wahrzunehmen.

Kommen Sie nach Ihrer Hospitation zu dem Schluss, dass die Einrichtung nicht Ihren pädagogischen Vorstellungen entspricht oder sie nicht geeignet ist, die Ziele des Praktikums zu realisieren, melden Sie das der Kita zurück. Bemühen Sie sich um eine weitere Einrichtung, in der Sie hospitieren können.

Hospitationen dienen der Informationsbeschaffung und ermöglichen erste Kontakte zu Kindern und Mitarbeitenden. Es gilt auch zu klären, ob es Vorgaben der Praxisstelle gibt, die nicht mit den Vorgaben der Schule/Hochschule kompatibel sind. Es geht insbesondere darum, sich über Anforderungen und Erwartungen der

4 Dazu: Dohrmann, Wolfgang (2019): Die Facharbeit für Erzieherinnen und Erzieher. Ein Ratgeber für Lernende an Fachschulen für Sozialpädagogik. Hamburg.

Einrichtung zu informieren und mit den eigenen Erwartungen und Zielen abzugleichen. Fragen zum Einsatzgebiet, zu den Öffnungszeiten oder zu Regelungen im Krankheitsfall können im Vorfeld geklärt werden.

Die eigenen Erwartungen und die Motivation zur Wahl der Einrichtung werden zu einem späteren Zeitpunkt zum Inhalt Ihres Berichtes. Zu den eigenen Erwartungen > Baustein A: Meine Erwartungen an die Praktikumszeit am Ende dieses Kapitels. Zu den Fremderwartungen siehe in Kapitel 7 den > Baustein T: Die Rolle des Praktikanten/der Praktikantin im Spektrum unterschiedlicher Erwartungen.

> Baustein A
> Baustein T

Die ersten Informationen und Eindrücke können als Grundlage für die inhaltliche Schwerpunktsetzung (> Kap. 3) und eine spätere Reflexion (> Kap. 7) dienen: Wie bin ich auf diese Einrichtung gestoßen? Welche Erfahrungen habe ich im Bewerbungsprozess gemacht? Was war mein erster Eindruck?

Wird eine weitergehende Analyse des Arbeitsgebietes und seiner Rahmenbedingungen als schriftliche Aufgabe eingefordert (> Kap. 4), reicht ein einmaliger Besuch nicht aus. Genauere Informationen erhalten Sie erst im Laufe des eigentlichen Praktikums und erfordern zusätzliche Beobachtungen und aktive Recherchearbeiten.

> Kap. 3
> Kap. 7
> Kap. 4

2.1.2 Zeitplanung

Ein Praktikumsbericht entsteht nicht erst nach dem Praktikum. Erste Inhalte ergeben sich bereits aus der Hospitation. Den Abgabetermin sollten Sie auf jeden Fall fest im Auge behalten und zum Ende des Praktikums ein **genügend großes Zeitfenster für die Verschriftlichung einplanen**. Die wesentlichen Eckpunkte für die individuelle Zeitplanung bildet die Zeitstruktur des Praktikums selbst:

- Bis wann soll ich eigene Fragestellungen oder Schwerpunktthemen entwickelt haben?
- Wann findet die Durchführung meiner Beobachtungen, Projekte oder anderer Aufgaben statt?
- Wann sind die Termine für meine Reflexionsgespräche mit Anleiter/Anleiterin oder Lehrkraft?

Übernehmen Sie eine aktive Rolle bei der Zeitplanung in Ihrem Praktikum.

Machen Sie Vorschläge für Gesprächstermine mit der Praxisanleitung und halten Sie Gesprächs- und Abgabetermine für Ausarbeitungen und Berichte in Ihrem Kalender fest.

Für das eigentliche Schreiben, die Formatierung des Textes, das Gegenlesen und mögliche Korrekturen sollten Sie genügend Pufferzeit einplanen.

Hat der Ablauf des Praktikums eine klare Struktur und wird die eigene Entwicklung während der einzelnen Phasen des Praktikums regelmäßig dokumentiert und reflektiert (> Kap. 3), ergibt sich der Bericht fast von selbst – die Struktur Ihres Praktikums wird zur Struktur Ihres Berichtes.

> Kap. 3

2.2 Kooperation zwischen Praxis und Schule/Hochschule

Betreut werden Sie im angeleiteten Praktikum von *Lehrkräften* der Schulen/Hochschulen (Mentoren) und Anleitern/Anleiterinnen[5] in der Einrichtung. Je nach Vorgabe der Ausbildungsstätten finden Besuche der Lehrkräfte in den Einrichtungen statt, in den gemeinsamen *Reflexionsgesprächen* mit ihnen berichtet die Praktikantin/der Praktikant von den praktischen Erfahrungen. Dabei gibt es oft auch die Möglichkeit, individuelle Fragestellungen für den Praxisbericht zu entwickeln. In einigen Bundesländern finden im Rahmen der Erzieher- und Erzieherinnenausbildung auch Hospitationen durch Lehrkräfte statt, bei denen die Praktikantin/der Praktikant einen Ausschnitt eigener praktischen Arbeit zeigt. Bereiten Sie sich auf Reflexionsgespräche vor, indem Sie Ihre Erwartungen, Fragen und Vorüberlegungen schriftlich ausformulieren.

Die Aufzeichnungen sind nützlich für das spätere Berichtverfassen.

An den Lernorten Fachschule, Fachakademie und Hochschule werden in vielen Fällen praxisbegleitende Lehrveranstaltungen, Reflexionstage oder Supervisionssitzungen organisiert, bei denen Sie sich mit anderen Praktikanten/-innen (und mit fachlicher Unterstützung) über ihre Erfahrungen in der Praxis austauschen können. Hinzu kommen Treffen oder Fortbildungsmöglichkeiten für Anleiter/-innen aus der Praxis.

In der Regel wird der Bericht von den Lehrkräften der Schule/Hochschule beurteilt und in vielen Fällen auch benotet. Beim Schreiben sollte berücksichtigt werden, dass häufig (nach Rücksprache mit der Praktikantin) auch die Anleitung oder die Kita-Leitung *Einsicht in den Bericht* nehmen möchte. Unter Umständen können auch Änderungen, z. B. aus datenschutzrelevanten Gründen (> Kap. 8.3), verlangt werden. Grundsätzlich gilt, dass der Bericht eine eigenständige Leistung des Schülers/der Schülerin ist, die Fachkräfte der Einrichtung haben bei der Erstellung lediglich eine allgemein beratende Funktion.

> Kap. 8.3

2.3 Anforderungen an die Form des Berichtes

Praktikumsberichte werden entweder zeitlich gestaffelt oder nach Ableistung des Praktikums im Ganzen abgegeben. Es gibt verschiedene Arten von Berichten:

Berichtsarten im Praktikum

Start- oder Vorbericht: Ein Startbericht spiegelt die ersten Begegnungen mit dem künftigen Praktikumsplatz wider und wird in der Regel vor dem Praktikum erstellt. Er enthält Aussagen zur

5 Als Anleiter/Anleiterinnen werden im Buch pädagogische Fachkräfte bezeichnet, die den Praktikanten/Praktikantinnen in der Kita als Praxismentoren als Betreuer/-innen zugeordnet werden.

Institution und beschreibt Erwartungen der der Praktikantin/des Praktikanten oder eine Erläuterung der Motivation zur Berufs- und Einrichtungswahl. Er kann auch bereits Anforderungen der Einrichtung oder Ausbildungsstätte an die Praktikantin/den Praktikanten und eine vorläufige Zielsetzung enthalten. Der Startbericht setzt eine Auseinandersetzung mit der Konzeption der Einrichtung voraus und enthält Aspekte einer Arbeitsfeldanalyse.

> Baustein G

Er bildet häufig die Grundlage für einen Ausbildungsplan, der im Laufe des Praktikums gemeinsam mit Praxisanleitung bzw. Lehrkräften weiterentwickelt wird.

> Baustein D

Zwischenbericht: Es erfolgt hierin z.B. eine schriftliche Auseinandersetzung mit den Erfahrungen in der Orientierungsphase. Es können ergänzende Angaben zum Einsatzgebiet gemacht und Entscheidungen für thematische Schwerpunkte im Praktikum dargestellt und begründet werden. Die Beobachtung einzelner Kinder oder die pädagogische Situation in der Gruppe können Ausgangspunkt für die Beschreibung sozialpädagogischen Handelns oder die Planung von Vorhaben oder Projekten sein.

Die Planung des weiteren Praktikums kann in einem Zwischenbericht transparent gemacht werden.

Abschlussbericht: Der Abschlussbericht ist die zusammenfassende schriftliche Ausarbeitung zu vorgegebenen oder selbst entwickelten Fragestellungen oder Aufgaben, die im direkten Zusammenhang mit den Erfahrungen im Praktikum stehen. Entsprechend den Zielsetzungen der jeweiligen Praxiswochen handelt es sich dabei

- um eine Arbeitsfeldanalyse,
- um die Dokumentation und Interpretation von Beobachtungen,
- um die Planung, Begründung und Reflexion von methodisch-didaktischen Lernarrangements oder
- um andere Formen der Darstellung, Begründung und Reflexion sozialpädagogischen Handelns im Arbeitsfeld.

> Baustein J
> Baustein L
> Baustein M
> Baustein N

In einigen Fällen ist der Bericht auch eng verknüpft mit einer **schriftlichen Teilprüfung** oder mit der **Facharbeit** oder dient als Vorbereitung für ein **Kolloquium**.

Projektbericht: Im Zentrum eines Projektberichtes stehen geplante Aktivitäten oder Projektideen, die im Idealfall gemeinsam mit den Kita-Kindern entwickelt wurden. Der Projektbericht kann enthalten:

- Überlegungen zur Projektplanung (z.B. eine Situationsanalyse und Projektskizze),
- eine Beschreibung und Begründung des Projektverlaufs (z.B. einen Ablaufplan mit Begründungsteil) und
- eine Reflexion und ggf. auch Dokumentation des Vorgehens.

> Baustein O
> Baustein P

Die Vorgaben zur formalen Gestaltung des Berichtes können von Institution zu Institution und von Lehrkraft zu Lehrkraft sehr unterschiedlich sein, in manchen Praktika wird auch ganz auf Vorgaben verzichtet. Dennoch gibt es – oft unausgesprochen – Erwartungen an die Form. So sollte, auch wenn es nicht ausdrücklich verlangt wird, der Bericht

- ein gegliedertes Inhaltsverzeichnis haben (> Kap. 3.3),
- in einem einheitlichen Layout gestaltet sein (> Kap. 3.3 und 8.2),
- über ein Deckblatt verfügen (> Baustein B: Deckblatt).

> Kap. 3.3
> Kap. 8.2
> Baustein B

Ein gegliedertes, vorangestelltes Inhaltsverzeichnis signalisiert, dass Sie Ihre Erfahrungen strukturiert darstellen können.

Da der erste Eindruck zählt, sollte das *Deckblatt* mit Sorgfalt angelegt werden. Das Deckblatt zum Bericht hat die Funktion, den Lesenden wesentliche Informationen zum Praktikum in kompakter und übersichtlicher Form zu präsentieren.

Die *Berichtsar*t und der *Titel* des Berichtes ergeben sich in der Regel aus der jeweiligen Ausbildungs- oder Studienordnung. Ein Untertitel kann sich aus einer inhaltlichen Schwerpunktsetzung oder einer im Praktikum bearbeiteten Fragestellung entwickeln, z.B. „Bericht über die Planung und Dokumentation der pädagogischen Arbeit in einer Kindertagesstätte im Bereich naturwissenschaftliche Bildung". Nicht fehlen sollten Angaben zur eigenen Person und die Namen und ggf. Kontaktdaten der betreuenden Fach- und Lehrkräfte. Der Name der Person, die die Praktikantin/den Praktikanten voraussichtlich betreuen wird, ermöglicht der schulischen Ausbildungsstätte eine Kontaktaufnahme zu den zuständigen Ansprechpartnern/-innen im Praktikum.

Falls die Form des Deckblattes für den Bericht nicht vorgegeben ist, kann es von Ihnen selbst gestaltet werden (> Baustein B: Deckblatt).

Grundsätzlich sollte ein Praktikumsbericht den Ansprüchen genügen, wie sie auch an andere schriftliche Arbeiten der Schule bzw. Hochschule gestellt werden. Die Quellen (> Kap. 8.1), aus denen Informationen stammen, müssen korrekt angegeben werden, und die Ausdrucksweise sollte fachlich ausgerichtet sein:

> Kap. 8.1

2.4 Sprachliche Anforderungen an den Bericht

Für das Abfassen eines Praktikumsberichtes gelten die gleichen *sprachlichen Konventionen* wie beim Schreiben von Berichten im Allgemeinen. Es geht in Ihrem Praktikumsbericht daher nicht darum, eine Geschichte zu schreiben, mit wörtlicher Rede und einem ausgefeilten Spannungsbogen. Schreiben Sie in neutraler und möglichst objektiver Sprache und stellen Sie die Kinder, beobachtete Situationen oder den Verlauf von Ereignissen auf der Grundlage von Fakten dar.

Eine sachliche Berichtsprache zeichnet sich durch Antworten auf die sogenannten W-Fragen aus: Wer? Wo? Was? Wann? Wie? Warum? Welche Folgen?

Berichte sind normalerweise kurz gehalten. Konzentrieren Sie sich in Ihrem Praktikumsbericht daher auf *wesentliche Erfahrungen*, die Sie im Praktikum gemacht haben. Was „wesentlich" ist, hängt davon ab, welche Themen- und Entwicklungsschwerpunkte zu Beginn des Prakti-

> Kap. 3.2

kums festgelegt wurden (> Kap. 3.2). Da es im Praktikumsbericht immer auch um Ihre persönliche Entwicklung geht, gibt es einige Besonderheiten, die von der klassischen Berichtsform abweichen.

2.4.1 Sprachstil

In einem Praktikumsbericht geht es zum einen um die sachliche und nüchterne Beschreibung von Sachverhalten und Vorgängen, zum anderen aber auch um die analysierende Darstellung und Reflexion des persönlichen Erlebens. Versuchen Sie, in Ihrem Bericht beide Aspekte sprachlich angemessen zu erfassen.

- Die Darstellung des in der Einrichtung Erlebten erfolgt in einer sachlichen, *beschreibenden* Ausdrucksweise, ohne besondere Ausschmückungen, Verniedlichungen (z.B. keine „Zwerge" oder „Kiddies", stattdessen „Kinder"), ohne Vermutungen oder Andeutungen. Es sollten einfache und dennoch abwechslungsreich formulierte Sätze gebildet werden.
- Mitarbeiter und Mitarbeiterinnen werden im Text nicht namentlich genannt, sondern in ihrer Funktion gekennzeichnet. Sprechen Sie also allgemein von der Leiterin, der Gruppenerzieherin, der Ergänzungskraft der Gruppe. Schreiben Sie über bestimmte Kinder, werden die Namen anonymisiert (> Kap. 5.1 und 8.3).

> Kap. 5.1
> Kap. 8.3

- Verzichten Sie weitgehend auf wörtliche Rede. Werden dennoch Äußerungen von Kindern oder Mitarbeiterinnen zitiert, geschieht das in indirekter Rede, die Wiedergabe erfolgt dann im *Konjunktiv*. Korrekt ist zum Beispiel: „Die Leiterin teilte mir am Morgen mit, dass eine Mitarbeiterin der Gruppe *erkrankt sei.*" Die Aufzeichnungen, die während einer Beobachtung gemacht werden, enthalten in der Regel zwar wörtliche Wiedergabe von Gesagtem – die Beobachtungsprotokolle – sie erscheinen jedoch meist nicht im Bericht selbst, sondern werden dem Anhang des Berichtes zugefügt.
- In *deskriptiven Teilen* des Berichtes, z.B. bei der Beschreibung der Einrichtung, der Gruppensituation oder des familiären Hintergrundes der Kinder, sollten Sie umgangssprachliche Redewendungen („irgendwie"), Verallgemeinerungen („ständig", „natürlich"), Übertreibungen („extrem") sowie polemische Äußerungen vermeiden. Verzichten Sie in diesen Teilen des Berichtes auf Vermutungen und persönliche Stellungnahmen – nennen Sie möglichst Fakten wie „etwa die Hälfte der Kinder der Gruppe lebt in einer Familie mit einem Elternteil".
- *Fachbegriffe* sollten dann verwendet werden, wenn das Verständnis von Begebenheiten oder Vorgängen durch deren Gebrauch verbessert wird. Bei der Auswertung eigener Beobachtungen können z.B. fachsprachliche Ausdrucksweisen aus den Themenfeldern Bindung oder Entwicklung von Kindern hilfreich sein. „Das Bindungsverhalten des Krippenkindes K. drückt sich u.a. darin aus, dass es sich in der Bringsituation an die Mutter anklammert."
- Werden *Situationen analysiert*, sollten eigene Gedanken oder Vermutungen als solche kenntlich gemacht und zurückhaltend

formuliert werden: „Möglicherweise ist das beobachtete Verhalten auf Erfahrungen zurückzuführen, die XX im häuslichen Bereich gemacht hat."

- In *reflektierenden Passagen* des Berichtes geht es oft auch um die Darstellung von Gefühlen: Die Auseinandersetzung mit eigenen Ängsten oder die Reflexion eigener Vorlieben machen den Bericht nicht nur lebendig, sondern ist auch wesentlicher Teil eines persönlichen und beruflichen Wachstumsprozesses. Die Darstellung des eigenen Erlebens erfordert dennoch einen sachlichen Grundton, erfolgt strukturiert und nimmt ggf. auch Bezug auf theoretische Konzepte und zeigt weitere Entwicklungsmöglichkeiten auf (> Kap. 7). „In diesem Praktikum konnte ich feststellen, woran ich weiterhin arbeiten muss. Folgende Kompetenzen sollte ich daher im nächsten Praktikum weiterentwickeln …" > Kap. 7
- In manchen Praktika sind *Stellungnahmen* zur konzeptionellen Ausrichtung oder zu pädagogischen Schwerpunkten ausdrücklich erwünscht. „Das in der Konzeption zum Ausdruck gebrachte Menschenbild entspricht meinem eigenen Bild vom Kind nur in Teilen …" Eigene Wertungen sollten sprachlich so ausgedrückt werden, dass sie für den Leser/die Leserin nachvollziehbar sind. Stellungnahmen müssen *begründet* erfolgen und persönliche Einschätzungen durch konkrete Beobachtungen *belegt* werden.
- Achten Sie auf eine geschlechtersensible Schreibweise und vermeiden Sie ausschließlich männliche oder weibliche Formulierungen. Nutzen Sie stattdessen sprachliche Varianten, wählen Sie neutrale Formulierungen oder nennen Sie beide Geschlechter.

2.4.2 Perspektive (Ich-Perspektive, Neutral-Perspektive)

Anders als bei anderen Berichtsformen oder wissenschaftlichen Arbeiten darf und soll auch die „Ich"-Form im Praktikumsbericht angewendet werden.

- **Ich-Perspektive:** Die eigene Wahrnehmung der Praxissituation, die Entwicklung von Zielen (> Kap. 3) und die Darstellung pädagogischer Erfahrungen (> Kap. 4) erfordern häufig die Ich-Perspektive. „Ich war erstaunt, wie offen die Kinder am ersten Tag des Praktikums während der Freispielzeit auf mich zugingen, um Fragen zu meiner Person zu stellen." Auch Textpassagen oder Kapitel, die Reflexionen (> Kap. 7) oder weitere Ausblicke enthalten, werden aus der Ich-Perspektive geschildert. „Ideen zur Umsetzung von Lernarrangements habe ich zuvor im Team abgesprochen." > Kap. 3 > Kap. 4 > Kap. 7
- **Neutralperspektive:** Die Beschreibung der Einrichtung und des Arbeitsfeldes (> Kap. 4) sowie die Beschreibung von einzelnen Kindern oder der Gruppe (> Kap. 5) oder schriftliche Ausarbeitungen zur Planung von Lernarrangements (> Kap. 6) erfolgen aus der neutral wirkenden Perspektive eines/einer Außenstehenden. „Eine Besonderheit der Gruppe ist die derzeitige Altersstruktur, da sie in diesem Jahr keine Kinder hat, die im Sommer zur Schule gehen werden." > Kap. 4 > Kap. 5 > Kap. 6

2.4.3 Zeitform

Während wissenschaftliche Arbeiten stets im Präsens und Berichte über vergangene Ereignisse im Präteritum verfasst werden, erfordert der Praktikumsbericht unterschiedliche Zeitformen:

- Die *Beschreibung* der Einrichtung, eine Situationsanalyse oder die Planung eines Lernarrangements erfolgt im *Präsens*. „Die Kita *liegt* zentral in einem Wohngebiet …"
- Teile des Berichtes, die das Erlebte sowie pädagogische *Erfahrungen* zum Inhalt haben, verlangen Vergangenheitsformen wie das *Präteritum* oder *Perfekt* – die Ereignisse werden ja rückblickend dargestellt. „Bei den regelmäßigen Reflexionsgesprächen mit der Anleiterin *habe* ich viele Rückmeldungen zu meinem Verhalten gegenüber den Kindern *bekommen*."
- Die reflektierende Auseinandersetzung mit den Praxiserfahrungen erfolgt ebenfalls in der Vergangenheitsform. „Die Begegnung mit den jüngeren Kindern der Gruppe *war* für mich …"
- *Schlussfolgerungen* aus den Erfahrungen können im Präsens ausgedrückt werden. „Meine Stärken *liegen* vor allem im Bereich …".
- Ein *Ausblick* oder die Vorausschau auf das nächste Praktikum erfordert das *Futur* als Zeitform. „Im nächsten Praktikum *werde* ich den Schwerpunkt auf … *legen*".

CHECKLISTE: Formales abklären

Formales abklären	Bemerkungen	✓
Kann ich vor Aufnahme des Praktikums in der Kita hospitieren?		
Liegen mir und der Einrichtung die schriftlichen Informationen aus Schule/Hochschule zu den Anforderungen an Praktikum und Bericht vor?		
Kann ich Einblick in die Konzeption der Einrichtung nehmen?		
Verfügt die Einrichtung über ein Ausbildungskonzept?		
Wann ist der Abgabetermin für den Praktikumsbericht?		
Wo und wie erfolgt die Abgabe? (Praktikumsbüro, gebunden/digital, per E-Mail)		
Gibt es eine Verlängerung der Abgabefrist bei Erkrankung?		
Habe ich eine Zeitplanung (inkl. Zeit für Ergänzungen und Korrektur) erstellt?		
Wer erhält Einsicht in den Bericht und beurteilt ihn?		
Nach welchen Beurteilungskriterien erfolgt die Bewertung des Berichtes?		
Welches Gewicht hat die Benotung des Berichts für die Beurteilung des Praktikums bzw. wo fließt die Note/fließen Credit Points ein?		

Baustein A: Meine Erwartungen an die Praktikumszeit

Wie bin ich auf diese Einrichtung gestoßen? Kurze Angaben zu den Erfahrungen im Bewerbungsprozess

---

Welche Gründe gibt es für meine Wahl dieser Einrichtung? Gab es Alternativen?

Wie motiviert bin ich, das Praktikum zu beginnen?

Welche Erwartungen habe ich im Hinblick auf die Rahmenbedingungen des Praktikums? (Zeiten, Räume, Anleitungspersonen u.a.)

Welche Erwartungen habe ich im Hinblick auf Teamarbeit, Kontakte zu Eltern, Netzwerkarbeit?

Welche Erwartungen habe ich im Hinblick auf die Arbeit mit einzelnen Kindern oder die Arbeit mit Gruppen?

Welche Erwartungen habe ich im Hinblick auf die Begleitung von Bildungsprozessen und die Vorbereitung von Aktivitäten mit den Kindern?

Welche Erwartungen habe ich an die Begleitung meiner eigenen Entwicklung im Praktikum?

Baustein B: Deckblatt

Lernort Schule bzw. Hochschule

____

(z. B. Berufsfachschule XY/Fachschule XY/Fachhochschule XY/Universität XY)

____________________**–Bericht**

(z.B. Start-, Projekt-, Fach-, Abschlussbericht)

____________________**–Praktikum**

(z.B. Unterstufenpraktikum in der Ausbildung zum Erzieher/zur Erzieherin;
Pflicht- oder Berufspraktikum; Praxisphase X im Studiengang XY)

Vom ____________________ bis ____________________

(Datum Beginn und Ende des Praktikums)

Schüler/-in bzw. Studierende/r	Lernort Praxis
______________________________	______________________________
(Name, Vorname)	(Bezeichnung der Einrichtung/Einsatzstelle)
______________________________	______________________________
(E-Mail, ggf. Telefon)	(Straße Hausnummer)
______________________________	______________________________
(ggf. Klasse, Schulbezeichnung; Seminar, Studiengang)	(Postleitzahl Ort)
______________________________	______________________________
(ggf. Matrikelnummer, Fachsemester)	(E-Mail, Telefon mit Vorwahl)
______________________________	______________________________
(betreuende Lehrkraft, Dozent/-in)	(Name der Leitung)
______________________________	______________________________
	(Name Praxisanleitung/Praxismentor/-in)
	______________________________
	(berufliche Qualifikation der Praxisanleitung)

Gesehen: ______________________________
(Datum und Unterschrift der Leitung/Praxisanleitung)

3 Den Lernprozess dokumentieren und den Bericht gliedern

Abb. 3.1 Ein Prozess

In diesem Kapitel wird dargelegt, wie Sie Ihren Lern- und Entwicklungsprozess im Bericht dokumentieren können. Zudem wird erklärt, wie Sie vor dem Hintergrund der Vorgaben für das Praktikum eigene Ziele und Schwerpunkte entwickeln können, um anschließend eine Gliederung zu erstellen und ein Layout festzulegen.

Kompetenzraster			
Handlungsebene	Die Praktikantin/der Praktikant erprobt mit der Berufsrolle verknüpfte Verhaltensweisen und Tätigkeiten in der Praxis, entwickelt individuelle Zielsetzungen, erarbeitet Grundlagen für eine regelmäßige Reflexion und zeigt im Rahmen ihres/seines Praktikums in zunehmendem Maße eine professionelle Haltung.		
Sachkompetenz		**Personale Kompetenz**	
Ich kann …			
Wissen	**Fertigkeiten**	**Sozialkompetenz**	**Selbstkompetenz**
… die Ausbildungsziele, die inhaltliche Ausrichtung des Praktikums und damit verbundene Aufgaben benennen. … meine Bildungs- und Entwicklungsziele für das Praktikum benennen. … meine Motive, in diesem Arbeitsfeld tätig werden zu wollen, beschreiben. …bisherige fachtheoretische Inhalte erklären.	… individuell angepasste, im Praktikum zu erwerbende Kompetenzen formulieren. … pädagogische Alltagssituationen wahrnehmen und nach Absprachen aktiv erste zugewiesene oder selbstgewählte Aufgaben in der Praxis vorbereiten und bewusst gestalten. … im Rahmen der Ausbildung erworbene Kenntnisse oder vorbereitende Übungen in die Arbeit einbringen. … gezielte Fragen zu Prozessen und Abläufen in der Praxis stellen. … ausbildungsspezifische und individuelle Ziele kontinuierlich verfolgen. … Vorschläge zur Weiterentwicklung berufsspezifischer Kompetenzen entwickeln und gegenüber Personen, die das Praktikum begleiten, deutlich machen. … fachtheoretische Inhalte mit den Praxiserfahrungen verknüpfen.	… mich bei Mitarbeiter/-innen mit Namen und Ausbildungshintergrund vorstellen. … Informationen aus dem Lernort Schule/Fach- oder Hochschule an die Praxisstelle weiterleiten. … ersten Kontakt zu Kindern Mitarbeitenden aufnehmen. … auf Angebote von Kindern zur Beziehungsaufnahme eingehen. … mich Eltern gegenüber in meiner Rolle als Praktikant/-in vorstellen, z.B. durch einen Aushang mit Namen und Ausbildungshintergrund. … Kindern bei Alltagsverrichtungen, z.B. beim An- und Auskleiden unterstützen. … Kindern Raum zu selbstständigem Handeln geben. … Interesse an der vielfältigen pädagogischen Praxis zeigen und Kindern und Team respektvoll und wertschätzend gegenübertreten. … mir Hilfe bei auftretenden Problemen holen und Unterstützungsangebote annehmen. … bei der Anleitung um regelmäßiges Feedback zur Vorbereitung der Arbeit und zum eigenen Handeln bitten. …mich auf eine gemeinsame Reflexion als ergebnisoffenen und kontinuierlichen Prozess einlassen.	… Offenheit zeigen für die Spielinteressen und Bedürfnisse der Kinder. … meine Vorbildfunktion gegenüber den Kindern selbstbewusst annehmen. … Selbstbeobachtungen gegenüber meiner Anleitung verbalisieren. … Offenheit zeigen gegenüber Änderungsvorschlägen in Bezug auf eigene Verhaltensweisen. … selbstkritisch die für das Arbeitsfeld notwendige Kompetenzen mit den tatsächlichen Fähigkeiten und Fertigkeiten vergleichen. … eigene Erwartungen, Entwicklungsaufgaben und Ziele im Praktikum als Herausforderung zur persönlichen und beruflichen Entwicklung annehmen.

3.1 Den Lernprozess im Praktikum dokumentieren

Wird Reflexion in den Praktikumsalltag eingebunden, bewirkt das eine stetige Verbesserung Ihres pädagogischen Handelns und unterstützt Sie darin, eine berufliche Identität und professionelle Haltung (> Kap. 7.2.1) auszubilden. Sie begeben sich von Beginn an in einen kontinuierlichen Prozess, den es zu dokumentieren gilt, um Ihren Lernprozess und Ihre Entwicklung sichtbar werden zu lassen. Der Prozess besteht aus:

- Der Selbstreflexion verstanden als eigenständiger Blick auf Handeln, Fühlen und das Bild von sich selbst.
- Dem Austausch mit anderen zur Erweiterung reflexiver Lernprozesse.

Im Praktikum wird dies vor allem durch eine gute Anleitung in der Praxiseinrichtung und die Betreuung durch die ausbildende Institution gelingen.

> Kap. 7.2.1

3.1.1 Selbstreflexion im Praktikum

Selbstreflexion sollte ein ergebnisorientiertes Nachdenken über sich selbst sein. Dies beinhaltet eine konstruktive Auseinandersetzung mit dem Selbstkonzept, welches einerseits Idealvorstellungen von sich selbst enthält und andererseits einem realen Selbstkonzept gegenübersteht (vgl. Trager 2012, S. 19 nach Greif, 2008).

Bei der Selbstreflexion nehmen Sie eine Position auf einer Meta-Ebene ein und stellen sich als Beobachtungsobjekt in den Mittelpunkt.

Schritte der Selbstreflexion	
1. Aufmerksamkeit auf sich selbst richten	Für die Reflexion ist Zeit und Ruhe im Praktikumsalltag einzuplanen, indem Sie • für genügend Zeit am Stück sorgen (mindestens eine ½ Stunde), • für Ruhe sorgen (Raum ohne Störungen wie Anwesenheit anderer, Gerätegeräusche, Lärm von außen), • eine entspannte Haltung und Position einnehmen, in der Sie konzentriert nachdenken können, • alle Arbeitsmaterialien, die Sie benötigen, griffbereit haben, auch z. B. vorhandene Reflexionsdokumentationen zu bereits erworbenen Kompetenzen, persönliche Zielsetzungen für das Praktikum, Praxistagebuch und Gesprächsprotokolle, • in einem ausgeglichenen Gefühlszustand sind.
2. Beschreibung	Verhalten, Haltung, Gefühle, äußerer Rahmen, Situationen, Planungen, Vorgehensweisen, Reaktionen von Kindern, Rückmeldungen aus dem Team notieren.
3. Analyse	Motivation aufzeigen, mögliche Gründe für Abweichungen von einer Planung herausarbeiten, mögliche Ursachen für das eigene Verhalten und die eingenommene Haltung nennen, dabei Rahmenbedingungen und den eigenen Hintergrund berücksichtigen, theoretische Bezüge herstellen, Probleme herausarbeiten, Zielerreichung überprüfen.
4. Bewertung	Ergebnisse fokussieren, das eigene Handeln beurteilen; herausgearbeitete Probleme selbstkritisch bewerten.
5. Lernzuwachs	Erweiterung von Kompetenzen darstellen, Erschließung weiterer Ressourcen herausfiltern, Verhaltensveränderungen, veränderte Selbst- und/oder Fremdwahrnehmung aufzeigen, Erweiterung des Methodenrepertoires darlegen. Vorschläge/Ideen für weiteres Vorgehen deutlich machen.

3.1.2 Austausch mit anderen als Erweiterung des reflexiven Lernprozesses

Je nach Intensität erlebter Situationen im Praktikum werden Sie das Bedürfnis haben, sich über das Erlebte auszutauschen, Fragen zu stellen und über Handlungsalternativen nachzudenken. Ein wesentliches Kriterium für die Beurteilung Ihres Praktikums ist die Einschätzung, inwieweit Sie die Bereitschaft und Fähigkeit zum reflektierenden Denken zeigen und dies auch im Bericht dokumentieren können. Sie erhalten in der Regel bessere Reflexionsergebnisse, wenn Sie Ihre Gedanken, Erfahrungen und Selbstreflexionsergebnisse nicht direkt für den Bericht ausformulieren, sondern diese zunächst im mündlichen Austausch mit anderen entwickeln und darüber Lernfortschritte machen. Nur ein kritisch-reflexiver Prozess, in dem Sie als Praktikant/Praktikantin ernst genommen und beteiligt werden, ermöglicht es Ihnen, wirklich zu lernen. Die Entwicklung des beruflichen Handelns ist ein komplexes Geschehen – es braucht ein Zusammenspiel von theoretischem Wissen, reflektiertem Erfahrungswissen und eines Austausches, um Situationen systematisch analysieren und begründen zu können (vgl. Hofer 2022, S. 27).

Der anleitenden Person, die Sie in der Kita unterstützt und begleitet, kommt dabei eine Schlüsselrolle zu. Ihre besondere Funktion drückt sich bereits in den unterschiedlichen Bezeichnungen wie Praxisanleitung, Praxisausbilderin, Praxiscoach oder Praxismentorin aus. Von ihr erhalten Sie notwendige Rückmeldungen zu Ihrer Arbeit und ggf. zu ihrem Praktikumsbericht und den darin festgehaltenen Reflexionsergebnissen.

Je freier die Vorgaben für den Bericht sind, desto kreativer können Sie die Vielfalt an Methoden zur Dokumentation Ihres Lernprozesses nutzen. Scheuen Sie sich nicht, von reinen Textformaten abzuweichen.

3.1.3 Methoden zur Beschreibung und Dokumentation des Lernprozesses im Praktikum

Beschreiben Sie in Ihrem Bericht, wie Sie in das Praktikum gestartet sind und wie Sie in einem Lernprozess Fortschritte gemacht haben. Am Ende ist es dann möglich, ein Fazit zu ziehen – in Form eines Abgleichs der Ausgangsbasis mit dem Zustand am Ende des Praktikums (Ist-Soll-Abgleich).

Ressourcenkarte

Der französische Ursprung des Wortes „Source" bedeutet Quelle. Eine Quelle beinhaltet all das, was das Individuum darin stärkt, eigenständig zu leben und zu lernen, Probleme zu lösen und Krisen zu bewältigen – Ressourcen sind als Schutzfaktoren zu verstehen. Ziel der Bewusstmachung von Ressourcen in diesem Sinne ist es, dass eine Praktikantin/ein Praktikant oder auch das Kind sich selbst als Ursache erwünschter Veränderungen begreift, sich als selbstwirksam wahrnimmt und andere nicht als „allmächtig" empfindet.

Ressourcen können sehr vielfältig sein. Was als Ressource betrachtet werden kann, ist immer individuell zu bewerten, vom Lebensalter abhängig sowie auch von der jeweiligen Lebenssituation.

Starten Sie damit, Ihre eigene Ausgangsbasis durch das Anlegen einer Ressourcenkarte (> Kap. 5.1.4 Ressourcenkarte für Kinder) zu beschreiben. Werden Sie sich dadurch Ihrer eigenen Stärken, Kompetenzen und Ihrer Haltung bewusst.

Eine weitere Möglichkeit stellt das Schreiben eines pädagogischen Tagebuches oder auch Praxistagebuches dar, welches den Lernprozess unterstützt, indem die vielfältigen Erlebnisse im Praktikum schriftlich festgehalten werden.

> Kap. 5.1.4

Pädagogisches Tagebuch

Im pädagogischen Tagebuch werden die Aufzeichnungen in einer zeitlichen Abfolge ähnlich wie bei einem Protokoll festgehalten.

Ziele sind:

- einen Einstieg finden in den Reflexionsprozess durch die Beschreibung des Arbeitsalltages und einzelner Situationen
- Bewusstwerdung des Lernprozesses, Erinnerung an konkrete Vorkommnisse
- Fokussierung auf ausgewählte Lerninhalte

Mögliche Inhalte sind:

- Beschreibung der Aufgaben des Tages/weiterer Tätigkeiten.
- Beschreibung besonderer Situationen/Beobachtungen
- Darlegung von Gefühlen: Was ist eher gut/schlecht verlaufen?
- Kommentierungen in Form von Gedanken und Fragen
- Verknüpfungen zu theoretischen Ausbildungsinhalten
- Formulierung von Fragen, die zum Weiterdenken anregen oder die in Reflexionsgesprächen, z. B. mit der anleitenden Person, im Praktikum geklärt werden sollen.
- Erläuterungen zu bearbeiteten Zielen/Themen/Kompetenzerweiterungen
- Aussagen und Rückmeldungen der Kinder, der Eltern und der pädagogischen Fachkräfte

Hinweise zur Form:

- Praktisch ist ein gebundenes Papierformat, das in die Arbeitstasche passt.
- Das einzelne Blatt mit einem Rand versehen, um ggf. Deutungen, Gefühle, Fragen, fachliche Bezüge von der Beschreibung abzugrenzen.
- Ein fester Einband ermöglicht es, ohne Unterlage zu schreiben.
- Wählen Sie eine ungebundene Form und heften Sie in zeitlicher Reihenfolge ab.

Die analoge Form ist sicherer als ein digitales Tagebuch.

Zum Aufbau > Baustein C: Das pädagogische Tagebuch

> Baustein C

Das Portfolio:

Ein Portfolio kann vielfältige Belege Ihres Lernzuwachses bündeln. Es bietet die Möglichkeit, den eigenen Lernprozess zu dokumentieren. Die Methode der Portfolioarbeit in der Kita wird im > Kap. 5.2.5 erläutert.

Mögliche Inhalte:

- Dokumentationen von Feedback-Gesprächen mit der Praxisanleitung, dem betreuenden Lehrpersonal oder mit anderen Praktikanten und Praktikantinnen (peers feedback)
- Erarbeitung von Schwerpunkten
- Auszüge aus dem Praxistagebuch
- Darstellungen von Reflexionsprozessen und -ergebnissen

> Kap. 5.2.5

Wichtig ist es, alle Inhalte so zu bezeichnen und zu kommentieren, dass der Lernprozess und der Lernzuwachs deutlich werden. Das bedeutet, die Inhalte gehen über die Vorstellung der Gegebenheiten im Praktikum und die Darstellung des Verlaufs hinaus.

3.1.4 Einen Ausbildungsplan erstellen

Ein Ausbildungsplan gibt dem Praktikum eine inhaltliche und zeitliche Struktur. Er wird in der Regel gemeinsam von der Praktikantin/dem Praktikanten und der Anleiterin/dem Anleiter auf der Basis der Vorgaben durch den Lernort Schule/Hochschule erarbeitet. Im Ausbildungsplan werden u.a. Ziele oder Entwicklungsaufgaben formuliert, die Sie während der Orientierungs-, Vertiefungs- und der Abschlussphase Ihres Praktikums angehen möchten. Solch eine Dokumentation ist für den Abschlussbericht besonders wertvoll, da durch den Plan die einzelnen Schritte Ihres Lernprozesses bewusst gemacht und nach außen sichtbar dargestellt werden.

Es werden ausgehend von einer Handlungsebene zu erwerbende Kompetenzen formuliert, in denen Sie als Praktikant/-in tätig werden sollen (> Abschnitt „Kompetenzen formulieren").

Diese Kompetenzen werden innerhalb des Ausbildungsplanes aufgeführt und mit konkreten Aufgaben verknüpft. Die Unterteilung in einzelnen Phasen des Praktikums bietet die Möglichkeit, den Kompetenzerwerb bzw. die Kompetenzerweiterung schrittweise vom Leichten zum Schweren zu verdeutlichen.

Beispiel Ausbildungsplan

Ziele/Handlungs-kompetenzen	**I. Phase Orientierung**	**II. Phase Erprobung/Vertiefung**	**III. Phase Abschlussphase/Autonome Handlungskompetenz**
	Kompetenzen und damit verbundene Aufgaben ___ bis___ Woche	Kompetenzen und damit verbundene Aufgaben ___ bis___ Woche	Kompetenzen und damit verbundene Aufgaben ___ bis___ Woche
Handlungsebene 1:			
Die Kinder bei der Bewältigung der Entwicklungsaufgaben unterstützen	**Kompetenz:** Entwicklungsaufgaben der Zielgruppe benennen können. Aufgabe: Beobachtungen durchführen, diese analysieren.	**Kompetenz:** Ziele zur Bewältigung der Entwicklungsaufgabe formulieren können. Aufgabe: Lernarrangements entwickeln und anbieten.	**Kompetenz:** Kooperationsmöglichkeiten zur Unterstützung wahrnehmen und pflegen können. Aufgabe: In Kontakt treten mit Kooperationspartnern durch Kommunikation und Hospitation.
Handlungsebene 2			
Eine Gruppe leiten	**Kompetenz:** Aufgaben der Gruppenleitung benennen können. Aufgabe: Einzelne kleine Aufgaben übernehmen, wie z. B. die Anwesenheitsliste führen, Zuständigkeit für den Maltisch, während der Freispielphase.	**Kompetenz:** Bildungsangebote planen und durchführen können. Aufgabe: Einen Morgenkreis vorbereiten und durchführen, Interessen/Bedürfnisse in der Gruppe analysieren, Lernarrangements für Kleingruppen gestalten.	**Kompetenz:** Die Verantwortung für das Gruppengeschehen tragen können. Aufgabe: Für einen bestimmten Zeitraum (zumindest 1-3 Tage) die Gruppenleitung übernehmen. Die betreuende Fachkraft bleibt im Hintergrund.
Persönliche Schwerpunkte, Auflistung weiterer selbstgewählter Ziele			
Sich selbst den Anforderungen des Arbeitsfeldes entsprechend organisieren.	**Kompetenzen:** Abgabetermine einhalten können. Aufgabe: Erstellung eines Terminkalenders und Festlegung der Dienstzeiten, Informationsweitergabe in der Praxiseinrichtung.	**Kompetenzen:** Zuverlässig arbeiten können. Aufgabe: Einhaltung verbindlicher Absprachen im Team, wie z. B. das Planen und Durchführen von Bildungsangeboten, die Teilnahme am Frühdienst.	**Kompetenz:** Termine der Gruppe im Blick halten können. Aufgabe: Einblick in die Termine der Gruppe/einzelner Kinder nehmen und dafür Sorge tragen, dass diese realisiert werden, wie z. B. Therapiesitzungen innerhalb der Einrichtung, Absprachen bezüglich der Abholung der Kinder durch einen anderen Elternteil o. Ä.

> Baustein D: Mein Ausbildungsplan

Ein sorgfältig geführter Ausbildungsplan ist eine gute Grundlage, um eigene Schwerpunkte zu finden und Gliederungspunkte für den Praktikumsbericht zu formulieren.

> Baustein D

3.2 Schwerpunkte setzen und Ziele finden

Sehr viel Text sagt nicht gleichzeitig etwas über die Qualität des Berichtes aus.

> Kap. 2

> Kap. 7

Die Dokumentation Ihres Lernprozesses -wie im vorherigen Kapitel dargestellt- ist die Basis, Inhalte für den Bericht festzulegen. Bevor Sie mit dem Schreiben des Praktikumberichtes starten, prüfen Sie die Vorgaben für den Praktikumsbericht (> Kap. 2).

Je weniger Vorgaben es gibt, desto mehr Möglichkeiten haben Sie, eigene Schwerpunkte zu setzen. Durch eine eigenständige Entscheidung für bestimmte Schwerpunkte zeigen Sie, dass Sie in der Lage sind, fachlich abzuwägen, welche Inhalte für Ihre berufliche Entwicklung von Bedeutung sind. Für die spätere Abschlussreflexion zum Praktikum (> Kap. 7) ist neben den vorgegebenen Aufgaben und den selbstgewählten Schwerpunkten von besonderer Bedeutung, was Sie im Praktikum emotional berührt hat, in welchen Situationen Sie etwas Besonderes haben lernen können. Die Konzentration auf diese Aspekte führt sicherlich auch zu einer erhöhten Motivation beim Schreiben und einer Darstellung von Inhalten, die auch die beurteilende Person überzeugen wird.

Notieren Sie von Beginn des Schreibprozesses an direkt die Quellen (> Kap. 8.1), die Sie nutzen, an den entsprechenden Berichtsstellen, inkl. der Seitenzahl. Im Nachhinein ist dies ohne großen Aufwand nicht mehr leistbar.

3.2.1 Ausgangspunkte für die Schwerpunktbildung

Mögliche Schwerpunkte können gesetzt werden durch den Fokus auf:

- Analyse des Ist-Status zu Beginn des Praktikums unter Berücksichtigung der bereits erfolgten professionellen Entwicklung. Die Formulierung von Zielsetzungen für das Praktikum, das heißt die Festlegung von fachlichen und personalen Kompetenzen (Soll-Zustand) (> in diesem Kapitel)
- Äußere Rahmenbedingungen des Arbeitsfeldes/der Einrichtung und die an Sie gestellten Erwartungen und damit verbundene Aufgaben (> Kap. 4)
- Aufgaben und konkrete Verantwortungsbereiche, wie die Beobachtung einzelner Kinder und deren Begleitung (> Kap. 5)
- Darstellung und Reflexion der praktischen Erfahrungen, wie die Planung, Durchführung und Reflexion methodisch-didaktischer Lernarrangements (> Kap. 6)
- Auseinandersetzung mit Fragestellungen, die sich auf die Erwartungen beziehen, die an Sie gerichtet werden und die eine fachlich begründete Auseinandersetzung mit der eigenen Rolle im Praktikum beinhalten. Fragen, die neben der Reflexion des planbaren Handelns insbesondere auch die Weiterentwicklung zu einer professionellen Haltung (> Kap. 7) beinhalten.

> Kap. 4
> Kap. 5
> Kap. 6
> Kap. 7

Auch das Ausbildungskonzept des Trägers bzw. der Einrichtung bietet Anregungen für eine individuelle Schwerpunktsetzung.

3.2.2 Kompetenzerwerb verdeutlichen

Ein Schwerpunkt des Praktikumberichtes sollte auf den Kompetenzerwerb gelegt werden. Der Begriff „Kompetenz“ ist lateinischen Ursprungs (competere = zusammentreffen, entsprechen) und meint, zu etwas fähig zu sein oder für etwas auszureichen.

Orientierung gibt der Deutsche Qualifikationsrahmen (DQR), basierend auf dem Europäischen Qualifikationsrahmen (EQR). Es soll bei der Formulierung von Kompetenzen deutlich werden, was eine lernende Person nach Abschluss eines Lernprozesses in der Lage ist zu tun, was sie weiß, versteht – was sich im Ergebnis als Denk-, Gefühls- und Handlungsmöglichkeiten herausbilden soll. Alle Berufe, so z.B. auch der Beruf der Erzieherin, sind nach dem Deutschen Qualifikationsrahmen bestimmten Niveaustufen zugeordnet und verknüpft mit Kompetenzen, die den Anforderungen des jeweiligen Berufsbildes entsprechen.

Entwickeln Sie in Absprache mit den Sie betreuenden Personen Ziele, die Sie im Praktikum erreichen möchten, und machen Sie diese nach außen transparent.

Der DQR teilt ein in *Fachkompetenzen* und *Personale Kompetenzen*. Nach dieser Systematik sollten Sie auch Ihre Kompetenzentwicklung im Bericht darstellen. Es gibt andere Zuordnungsstrukturen, z. B in den Leitlinien der einzelnen Bundesländer für Kindertagesstätten. Lassen Sie sich dadurch nicht irritieren. (Vgl. die Ausführungen zum Ausbildungsplan >Kap. 3.1.4 und auch die Ausführungen in >Kap. 6.2 Die Planung von Lernarrangements.)

>Kap. 3.1.4
>Kap. 6.2

3.2.3 Kompetenzen formulieren

Als erstes entscheiden Sie sich für die Handlungsebene, auf der Sie sich weiter entwickeln müssen bzw. möchten. Das angestrebte Ergebnis ist enthalten in einem kurzen Satz, der das Handeln umschreibt, das Sie anstreben.

Die *Fachkompetenzen* werden unterteilt in *„Wissen"* und *„Fertigkeiten"*. Diese werden als Aussagesätze formuliert, welche definieren, was Sie am Ende des Lernprozesses oder des Praktikums *können*.

Die *Personale Kompetenz* wird unterteilt in *Sozial-* und *Selbstkompetenz*.

Handlungskompetenzen aufschlüsseln

Durch das Aufschlüsseln in dazugehörige Fach- und Personalkompetenzen konkretisieren Sie die Handlungskompetenz. Konkrete und unmissverständliche Formulierungen sind eine wesentliche Grundlage für einen selbstorganisierten Entwicklungsprozess. Sie zeigen gegenüber der Sie beurteilenden Person, dass Sie Ihre Entwicklung deutlich im Blick haben. Den Sie dadurch überzeugend darlegen, z.B. gegenüber der das Praktikum beurteilenden Person.

Beispiele für eine Handlungskompetenz:
„Ich kommuniziere mit der Zielgruppe angemessen."

Dazugehörige *Fachkompetenzen*:

Wissen: Ich kann Kommunikationsregeln benennen: Aktives Zuhören, Kommunikation in Ich-Botschaften, ausreden lassen, ...

Fertigkeiten: Ich kann die genannten Kommunikationsregeln im Gespräch mit den Kindern anwenden.

Dazugehörige Personalkompetenzen:

Sozialkompetenz: Ich kann die Aufmerksamkeit und Beteiligung der Kinder am Gespräch halten, indem ich

- den Blickkontakt der Kinder halte,
- die Kinder als Gesprächspartnerin aufsuche,
- gezielte Anweisungen gebe und Bitten an die Kinder richte,
- alle Kinder wahrnehme.

Selbstkompetenz: Ich spreche so, dass die Kinder mir aufmerksam zuhören, indem ich

- eine angenehme Stimmlage finde,
- Sprachmelodie und -rhythmus lebendig einsetze,
- meine Worte durch Mimik und Gestik unterstütze.

Hinweis: „Dem DQR liegt entsprechend dem deutschen Bildungsverständnis ein weiter Bildungsbegriff zugrunde, (...) Methodenkompetenz wird als Querschnittskompetenz verstanden und findet deshalb in der DQR-Matrix nicht eigens Erwähnung." (B-L-KS DQR 2013, S. 23)

Formulieren Sie Kompetenzen, die Ihrem persönlichen und beruflichen Entwicklungsstand entsprechen, die im Praktikum realistisch erreichbar sind und die der jeweiligen Ausbildungsphase angepasst sind. Die Formulierung verschafft Ihnen und anderen Klarheit über die eigenen und an Sie herangetragenen Ziele im Praktikum.

Hilfreich kann es bei der Festlegung von Kompetenzen sein, sich mit folgenden Fragen auseinanderzusetzen:

- Welche Kompetenzen bringe ich bereits mit? Welche möchte ich ausbauen? Welche fehlen auf jeden Fall noch? (Ist-Soll-Analyse)
- Gibt es im Bereich der Personalen Kompetenzen aus früheren Erfahrungen Ansatzpunkte, die ich weiterverfolgen muss oder möchte, weil sie grundsätzlich meiner beruflichen Eignung im Wege stehen? Dies könnte z. B. ein fehlendes Zeitmanagement sein. Ein weiteres Beispiel ist das sichere Auftreten gegenüber Eltern. Bestehen z. B. hier Ängste, Vermeidungstendenzen, Schüchternheit, die abgebaut werden müssten?
- Welche Kompetenzen kann ich gerade in dieser Einrichtung ausbauen/erwerben?
- Welches fachlich-theoretische Wissen möchte ich überprüfen/anwenden?
- Entspricht die Kompetenzformulierung meinem tatsächlichen beruflichen Entwicklungsstand und zeigt sie eine Weiterentwicklung auf?
- Sind die Kompetenzen unterschiedlichen Bereichen zugeordnet und angemessen formuliert?

> Baustein E

> Baustein E: Meine Kompetenzentwicklung im Praktikum

3.3 Eine Gliederung erstellen und ein Layout festlegen

Um Ihrem Bericht eine sinnvolle Struktur zu geben, klären Sie zunächst, um welche Art von Bericht es sich handelt und welche inhaltlichen Vorgaben Sie einbeziehen müssen (vgl. > Kap. 2).

Entscheiden Sie vor Beginn des Schreibprozesses, welche Inhalte in Ihrem Bericht festgehalten werden sollen. So erhalten Sie gleich ein Grundgerüst für die Gliederung.

> Kap. 2

3.3.1 Kapitelordnung

Die *Inhaltsschwerpunkte* Ihres Praktikumsberichtes bilden die einzelnen *Hauptkapitel* und werden als erstes benannt. Die Hauptkapitel bekommen eine fortlaufende Ziffer (1, 2, 3 ...)

- Sie befinden sich in der **ersten Gliederungsebene** oder auch in der Ebene erster Ordnung.

Die Hauptkapitel bekommen eine fortlaufende Ziffer (1, 2, 3 ...). Eine weitere Untergliederung – also eine Untergliederung der Hauptkapitel – ist möglich. Die Unterkapitel erhalten an erster Stelle die Ziffer des Hauptkapitels, an zweiter Stelle werden sie fortlaufend beziffert (z. B. 1.1, 1.2, 1.3...)

- Sie befinden sich in der **zweiten Gliederungsebene** oder auch in Ebene der zweiten Ordnung.

Untergliedern Sie sinnvoll. Überprüfen Sie kritisch, wie viel Text Sie einem Unterkapitel voraussichtlich zuordnen werden und ob die jeweilige Textmenge ähnlich der in den anderen Kapiteln- bzw. Unterkapiteln sein wird.

Ein Zuviel an Gliederungspunkten kann die beurteilende Person vermuten lassen, dass es Ihnen lediglich darum geht, Seiten zu füllen.

Auf der nächsten Ebene erhalten die Unterpunkte 3 Ziffern, z. B. 1.1.1, 1.1.2 usw.

Hinweis: Eine Untergliederung nehmen Sie nur vor, wenn dem Kapitel oder Unterkapitel wenigstens zwei Untergliederungen nachfolgen.

- Sie befinden sich in der **dritten Gliederungsebene** oder auch in der Ebene der dritten Ordnung.

Eine Untergliederung über die dritte Ordnung hinaus ist im Praktikumsbericht in der Regel nicht erforderlich, sie ergibt sich eher in stärker theoretisch ausgerichteten Seminar- oder Hausarbeiten.

Ordnen Sie jeder nummerierten Überschrift einen Text zu. Unter die Hauptkapitelüberschriften werden die Lesenden eingeführt in das Kapitel. Fassen Sie kurz zusammen, was Ziel des Kapitels ist oder welcher Fragestellung Sie hier nachgehen.

Beispielgliederungen sind im > Baustein F: Gliederungspunkte eines Praktikumsberichtes zu finden.

> Baustein F

3.3.2 Eine Formatvorlage nutzen

In den gängigen Textbearbeitungsprogrammen wie Word™, Pages™ oder Open Office™ gibt es die Möglichkeit, eine Formatvorlage zu erstel-

Zu empfehlen ist es, die Formatvorlage festzulegen, bevor Sie anfangen zu schreiben. Ansonsten verbringen Sie am Ende viel Zeit damit, den Bericht in das Format zu übertragen.

len oder, noch einfacher, eine vorgefertigte Formatvorlage zu nutzen, mit der automatisch ein Inhaltsverzeichnis erstellt werden kann. Dies hat verschiedene Vorteile:

- Sie müssen weniger Zeit in die Formatierung Ihres Textes investieren.
- Sie können automatisch ein Inhaltsverzeichnis erstellen.
- Die Formatvorlage ist jederzeit für den gesamten Text umstellbar.

Formatvorlage und Inhaltsverzeichnis in Word™

Sie finden die Vorlagen für Word unter der Registerkarte „Entwurf". Wählen Sie hier eine Vorlage aus.

Abb. 3.2 Registerkarte Entwurf

Achten Sie beim Schreiben darauf, die jeweiligen Überschriften zu kennzeichnen.

In Word sind folgende Schritte zu gehen:

- Wählen Sie die Registerkarte „Start" aus.
- Markieren Sie die Überschrift und wählen oben aus, welchen Platz in der Gliederung (Überschrift 1, Überschrift 2 etc.) sie zugewiesen bekommt.
- Reine Textpassagen erhalten die Formatvorlage „Standard".

Abb. 3.3 Registerkarte Start

Nachdem Sie den Bericht geschrieben haben und alle Überschriften der Gliederungsordnung zugewiesen sind, können Sie das **Inhaltsverzeichnis in Word automatisch** erstellen.

Hierzu bedarf es nur weniger Schritte:

- Setzen Sie den Cursor an die Stelle, die für das Inhaltsverzeichnis im Dokument vorgesehen ist.
- Auf den Reiter „Referenzen" klicken,
- dann links auf „Inhaltsverzeichnis",
- anschließend eine Variante auswählen.
- Nun erscheint das Inhaltsverzeichnis.

Formatvorlage und Inhaltsverzeichnis in Pages™

In Pages kennzeichnen Sie während des Schreibens Ihre Überschriften in der entsprechenden Gliederung über den Reiter „Format". Darunter erscheint ein Kasten.

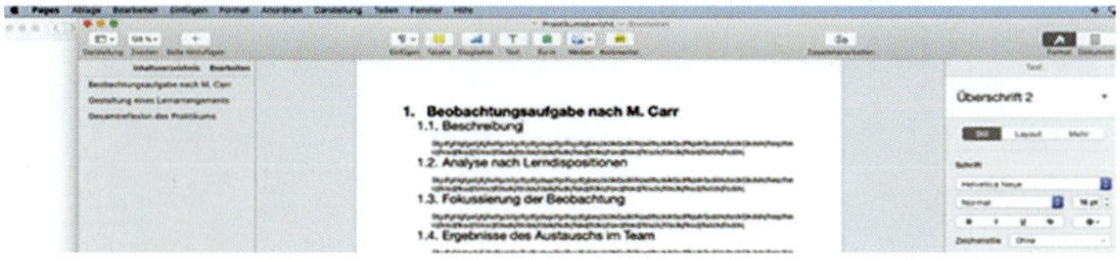

Abb. 3.4 Reiter Format

Beim Schreiben achten Sie darauf, die jeweiligen Überschriften in diesem Kasten unter „Text" in das passende Gliederungsformat zu setzen (Überschrift, Überschrift 1, Überschrift 2 etc.). Sie können diese formatieren hinsichtlich der Schriftgröße u. a.

Abb. 3.5 Nummerierung

In Pages sind folgende Schritte zu gehen:

- Setzen Sie den Cursor an die Stelle, die für das Inhaltsverzeichnis vorgesehen ist.
- Auf den Reiter „Einfügen" klicken,
- dann auf „Inhaltsverzeichnis",
- anschließend auf die Pfeilspitze klicken,
- „Dokument" auswählen.
- Das Inhaltsverzeichnis erscheint.

Vergessen Sie nicht, vor Erstellung des Inhaltsverzeichnisses die Seitenzahlen einzufügen. Dies ist sowohl in Word als auch in Pages unter „Einfügen" möglich. Die Seitenzahlen werden dann automatisch im Inhaltsverzeichnis mit aufgeführt.

Open Office™ bzw. Libre Office™

In Open Office oder Libre Office sind die beschrieben Funktionen ähnlich und werden deshalb nicht extra aufgeführt.

Checkliste Schwerpunkte bilden

Schwerpunkte bilden, Ziele setzen, Gliederung erstellen und Lernprozess dokumentieren	Bemerkungen	✓
Gibt es von meiner Seite bereits zu Beginn des Praktikums spontane Ideen oder Fragestellungen, auf die ich mich freue und auf die ich im Bericht eingehen möchte?		
Habe ich geklärt, welche Ziele laut Ausbildungsstätte/ Hochschule im Praktikum verfolgt werden sollen?		
Habe ich Kompetenzen formuliert, welche ich in diesem Praktikum konkret (weiter-)entwickeln möchte?		
Habe ich inhaltliche Schwerpunkte für das Praktikum gesetzt?		
Habe ich eine erste, grobe Gliederung für meinen Bericht erstellt?		
Ist eine Formatvorlage für die Berichtsgliederung angelegt?		
Mit welchen Methoden (z. B. Lerntagebuch) möchte ich meinen Lernprozess dokumentieren?		
Habe ich in Kooperation mit den anleitenden Personen einen Ausbildungsplan erstellt?		

Baustein C: Das pädagogische Tagebuch

Aufzeichnung-Nr.: ____________________

Datum: ____________________

Gruppe/Einsatzgebiet: ____________________

Inhalte und Fragestellungen:

Mit welchem Gefühl habe ich die heutige Arbeit begonnen?

____

Wie verlief die Kontaktaufnahme mit den Kindern?

____

Welche Verhaltensweisen sind mir besonders aufgefallen? Welche Empfindungen hatte ich dabei? Wie habe ich reagiert?

____

Welche pädagogische Tätigkeit/Handlungsweise war für mich heute von besonderem Interesse?

____

Wobei habe ich mich heute besonders wohl gefühlt, was ist besonders gut gelungen?

____

Gab es unangenehme oder verunsichernde Situationen?

____

Wie verlief der Kontakt mit den pädagogischen Fachkräften? Gibt es Bereiche, in denen ich besondere Hilfestellungen oder Anregungen benötige?

____

Mit welchem Gefühl habe ich den heutigen Arbeitstag abgeschlossen?

____

Welche Bezüge zu meinem theoretischen Fachwissen konnte ich heute entdecken?

____

Welche Themen möchte ich im Anleitungs- oder Reflexionsgespräch ansprechen?

____

Baustein D: Mein Ausbildungsplan

Ziele	**I. Phase Orientierung**	**II. Phase Erprobung/Vertiefung**	**III. Phase Abschlussphase/ Autonome Handlungs-kompetenz**
formuliert als Handlungs-kompetenzen	Kompetenzen und damit verbundene Aufgaben ___ bis___ Woche	Kompetenzen und damit verbundene Aufgaben ___ bis___ Woche	Kompetenzen und damit verbundene Aufgaben ___ bis___ Woche

Baustein E: Meine Kompetenzentwicklung im Praktikum

Handlungsebene			
Sachkompetenz		Personale Kompetenz	
Ich kann …			
Wissen	**Fertigkeiten**	**Sozialkompetenz**	**Selbstkompetenz**
…	…	…	…

Beispiel			
Handlungsebene	[Beispiel] Entwicklungsaufgaben der Kinder erkennen und sie bei deren Bewältigung unterstützen		
Sachkompetenz		Personale Kompetenz	
Ich kann …			
Wissen	**Fertigkeiten**	**Sozialkompetenz**	**Selbstkompetenz**
[Beispiel] … den theoretischen Hintergrund zu Entwicklungsaufgaben im Kindesalter erklären … Entwicklungsaufgaben der Zielgruppe benennen …Beobachtungsverfahren- und Instrumente hinsichtlich der Eignung einschätzen … Planungskriterien für pädagogische Maßnahmen benennen	… anhand ausgewählter Beobachtungen Entwicklungsaufgaben bestimmen … die beobachteten Entwicklungsaufgaben dokumentieren … individuelle Ziele für das einzelne Kind formulieren … geeignete pädagogische Maßnahmen zur Unterstützung der Bewältigung von Entwicklungsaufgaben entwickeln	… mich innerhalb des Teams zum Thema austauschen … einzelnen Eltern Entwicklungsaufgaben ihrer Kinder erläutern … das Kind ermutigen, Herausforderungen anzugehen	… mich für angemessene Beobachtungsinstrumente und pädagogische Maßnahmen entscheiden … einen eigenen Standpunkt vertreten hinsichtlich der Auswahl des Beobachtungsinstrumentes

Baustein F: Gliederungspunkte eines Praktikumsberichtes

Die Gliederung erscheint als zweite Seite hinter dem Deckblatt. Die Punkte entsprechen den Überschriften in den Textteilen. Die Seitenzahlen, mit denen ein Kapitel beginnt, werden bei Fertigstellung des Berichtes rechtsbündig eingefügt.

Beispiel 1: Startbericht
Inhaltsverzeichnis

1. Allgemeine Angaben zur Einrichtung S. 1
   - 1.1. Name, Adresse und Träger S. 2
   - 1.2. Einzugsbereich (etc.)
   - 1.3. Personal und Qualifikationen
   - 1.4. Arbeits- und Öffnungszeiten
   - 1.5. Anzahl der Gruppen und Gruppenstärke/Betreuungsschlüssel
   - 1.6. Betreuungsformen
   - 1.7. Konzeptionelle Schwerpunkte und Besonderheiten der Einrichtung
2. Angaben zur Gruppe
   - 2.1. Gruppengröße und Zusammensetzung
   - 2.2. Beschreibung der Gruppe
   - 2.3. Gruppenregeln und deren Begründung
   - 2.4. Tagesablauf in der Gruppe
   - 2.5. Besondere Angebote in der Gruppe
3. Erwartungen und Ziele im Praktikum
   - 3.1. Begründung zur Wahl der Einrichtung
   - 3.2. Erwartungen der Einrichtung an mich
   - 3.3. Meine Lernmöglichkeiten und Ziele im Praktikum

Beispiel 2: Zwischenbericht
Inhaltsverzeichnis

1. Beobachtungsaufgabe nach M. Carr
   - 1.1. Beobachtungsbeschreibung
   - 1.2. Analyse nach Lerndispositionen
   - 1.3. Fokussierung der Beobachtung
   - 1.4. Ergebnisse des Austausches im Team
   - 1.5. Lerngeschichte
   - 1.6. Reflexion der Beobachtung
2. Reflexion der bisherigen Entwicklung im Praktikum
   - 2.1. Die Begleitung der Kinder im Freispiel
   - 2.2. Erfahrungen mit Angeboten im Gruppenkreis
   - 2.3. Die Arbeit im Team
   - 2.4. Kontakte zu den Eltern
   - 2.5. Kompetenzentwicklung im bisherigen Praktikum
3. Literatur
4. Anhang: Beobachtungsbogen

Beispiel 3: Abschlussbericht
Inhaltsverzeichnis

1. Schwerpunktsetzungen im Praktikum
   - 1.1. Bisherige Erfahrungen und Ausbildungsstand
   - 1.2. Persönliche Entwicklungsziele
2. Beobachtung eines Kindes
   - 2.1. Anlass für die Beobachtung
   - 2.2. Angaben zum Kind
   - 2.3. Ziel der Beobachtung
   - 2.4. Methode der Beobachtung
   - 2.5. Durchführung der Beobachtung
   - 2.6. Interpretation der Beobachtungsergebnisse
3. Planung und Durchführung eines Lernarrangements
   - 3.1. Rahmenbedingungen
   - 3.2. Beschreibung der teilnehmenden Kinder
   - 3.3. Begründung zur Wahl des Themas
   - 3.4. Didaktisch-methodische Vorüberlegungen
   - 3.5. Kompetenzen der Kinder
   - 3.6. Geplanter methodischer Verlauf in Tabellenform
   - 3.7. Reflexion der Planung und Durchführung des Lernarrangements
4. Reflexion der Entwicklung im Praktikum
5. Literatur

Beispiel 4: Projektbericht
Inhaltsverzeichnis

1. Die Einrichtung
   - 1.1. Trägerschaft, Leitbild und Organisationsstrukturen
   - 1.2. Begründung zur Wahl der Einrichtung
2. Planung und Reflexion eines Projektes zum Thema „Philosophieren mit Kindern"
   - 2.1. Beschreibung der Gruppensituation
   - 2.2. Begründung des gewählten Projektthemas
   - 2.3. Ziele des Projektes
   - 2.4. Rahmenbedingungen (Raum, Zeit, Material)
   - 2.5. Hinweise zur methodischen Vorgehensweise
   - 2.6. Tabellarische Übersicht über die durchgeführten Aktivitäten mit den Kindern
   - 2.7. Reflexion des durchgeführten Projektes
3. Gesamtreflexion des Praktikums
   - 3.1. Erfahrungen mit der Berufsrolle
   - 3.2. Reflexion der Begegnungen mit den Kindern
   - 3.3. Reflexion der Begegnungen mit den Eltern
   - 3.4. Reflexion der Teamarbeit
   - 3.5. Fazit
4. Literatur
5. Anhang: Dokumentation des durchgeführten Projektes

4 Die Einrichtung vorstellen und Erfahrungen beschreiben

Abb. 4.1 Einrichtung und Tätigkeiten

Die Beschreibung der Einrichtung, in der das Praktikum abgeleistet wird, gehört als Basisinformation in jeden Praktikumsbericht. Die Informationen zur Einrichtung können z.B. als Kurzbericht zu Beginn des Praktikums gestaltet werden und einige erste Grundinformationen zur Praxisstelle enthalten. Wichtig für den Bericht ist außerdem die Beschreibung der Tätigkeiten, die Sie ausgeführt haben, und die Darstellung von Begegnungen im Praktikum.

Kompetenzraster			
Handlungsebene	Die Praktikantin/der Praktikant sammelt Informationen zur Praxisstelle, setzt sich aktiv mit den Rahmenbedingungen der Arbeit auseinander und gestaltet die Beziehung zu unterschiedlichen Personen und Personengruppen bewusst.		
Sachkompetenz		**Personale Kompetenz**	
Ich kann …			
Wissen	**Fertigkeiten**	**Sozialkompetenz**	**Selbstkompetenz**
… den Träger der Einrichtung benennen. … Leitideen/zum und weltanschaulichen Hintergrund des Trägers erläutern. … die Zielsetzungen, Aufgaben und Angebote der Einrichtung wiedergeben. … gesetzliche Vorgaben der Arbeit benennen. … Berufsgruppen, Arbeitsaufteilung und Personalsituation in den Gruppen beschreiben. … Angaben machen zu Öffnungszeiten und Aufnahmeverfahren. … einen typischen Tagesablauf beschreiben und Angaben machen zum Raumkonzept oder zum Materialangebot im Einsatzgebiet. … pädagogische Schwerpunkte der Arbeit und Aspekte der Konzeption der Einrichtung erklären. … Angaben machen zur Dienst- und Fachaufsicht, zu arbeitsrechtlichen Bestimmungen. … Absprachen und Gruppenregeln im Einsatzgebiet beschreiben. … Kooperationspartner im Sozialraum der Einrichtung benennen. … Aspekte der Berufsrolle beschreiben. … unterschiedliche Erwartungen an die Rolle der Praktikantin/des Praktikanten beschreiben.	… festgelegte Arbeitszeiten und Absprachen mit Leitung und Anleiterin einhalten. … mich an die Verfahren und Vorgaben bei Krankmeldung oder Freistellung halten. … mich mit dem Gruppenraum, den Räumen der Einrichtung und dem Außengelände vertraut machen. … angemessen und ressourcenschonend mit Ausstattung und vorhandenen Materialien umgehen. … nach Absprache bei Arbeitsabläufen in der Einrichtung unterstützend tätig werden. … mich aktiv bei festen Ritualen (z.B. Tischsprüche, Lieder) oder anderen pädagogisch ausgerichteten Aktivitäten einbringen. … Kinder sowie Eltern aktiv begrüßen und verabschieden … Eltern und Kinder einander zuordnen. … Settings für Gespräche mit Kindern, z. B. Gespräch im Stuhlkreis gestalten. … nach Absprache selbstständig Aufgaben im Tagesablauf (z.B. die Begleitung der Kinder im Freispiel) übernehmen. … Kommunikations- und Interaktionssituationen auf der Grundlage theoretischer Modelle darstellen. … feinfühliges Verhalten in der Interaktion mit Kindern zeigen. … die Kinder in meinem Einsatzgebiet mit Namen ansprechen.	… Fragen zu organisatorischen Abläufen oder zur pädagogischen Arbeit an die Anleitung oder andere Mitarbeitende der Einrichtung richten. … zu Kindern eine Beziehung über unterschiedliche Formen der Kommunikation und Interaktion aufnehmen und sie über die Dauer des Praktikums aufrechterhalten. … eine ausgewogene Balance zwischen Nähe und Distanz zu den Kindern halten. … auf Äußerungen und Signale der Kinder angemessen reagieren. …die Perspektive von Kindern nachvollziehen … den Kindern gegenüber eine wertschätzende Grundhaltung einnehmen und sie als gleichwertige Partner in der Kommunikation anerkennen. … nach Absprache eigenständigen Kontakt zu Eltern aufnehmen und Informationen von Eltern an Fachkräfte weiterleiten. … nach Absprache an Entwicklungsgesprächen oder anderen Formen der Kooperation mit Eltern teilnehmen. … auf Leitung und Mitarbeitende zugehen und auf einrichtungsbezogene Informationen und Konzepte ansprechen. … Konfliktsituationen im Team besprechen und zu einer vertrauensvollen Kommunikation beitragen. … Toleranz gegenüber von der eigenen Position abweichenden Haltungen zeigen. …. eigene Gedanken, Ideen, Standpunkte in angemessener Form kommunizieren.	… Interesse an Strukturen und Abläufen der Einrichtung zeigen. … Stellung zum vorgesehenen Einsatz in der Einrichtung beziehen … mich bei Besprechungen und Teamsitzungen selbstbewusst einbringen. … Tagesablauf, Raumkonzept und Materialeinsatz und Aspekte der Konzeption reflektieren. … eine eigene pädagogische Haltung vor dem Hintergrund der konzeptionellen Ausrichtung der Einrichtung finden. … zu Vorgängen in der Kita oder zu ausgewählten Aspekten der Konzeption der Einrichtung fachlich begründend Stellung nehmen. … pädagogisch begründete Ideen zur aktiven Begleitung einzelner Kinder selbstständig entwickeln. … das eigene Kommunikationsverhalten (z.B. Gestik, Mimik) wahrnehmen und reflektieren. … die eigene Fähigkeit zu feinfühligem und responsivem Verhalten reflektieren. … die Perspektive anderer mit der eigenen Perspektive abgleichen … die Praktikantenrolle „von außen" betrachten und Rollendistanz herstellen. … mit widersprüchlichen Erwartungen an die Rolle als Praktikant/Praktikantin konstruktiv umgehen/Ambiguitätstoleranz zeigen. … eigene Vorstellungen und Perspektiven nach außen hin deutlich machen. … Kritik an eigenen Verhaltensweisen aushalten und Kritik am Verhalten anderer in angemessener Form und konstruktiv äußern. … bewusst für eine Haltung gegenüber berufsspezifischen Themen entscheiden und zunehmend eine Identifikation mit dem Beruf entwickeln. … in zunehmendem Maße souverän im Rahmen der Berufsrolle handeln.

4.1 Der strukturelle Rahmen der Einrichtung

Auf der Webseite der Einrichtung, in der Sie Ihr Praktikum ableisten, finden Sie häufig nur einen Teil der Informationen, die Sie für Ihren Bericht benötigen. Stellt sich die Einrichtung selbst z.B. kurz als „Kita Meierstraße" vor, lohnt es sich, genauer hinzuschauen. Die offizielle und damit korrekte Bezeichnung lautet vielleicht „Kindertagesstätte Meierstraße II der Freien Hansestadt Hamburg ", ist also etwas länger und enthält zusätzliche Angaben, etwa zum *Träger* der Kita.

Benennen Sie auch den Trägertyp, d.h., weisen Sie darauf hin, ob es sich um einen öffentlichen oder freien Träger handelt.

Neben den kommunalen Trägern (z.B. die jeweilige Stadt oder der Landkreis) gibt es bei den Kitas ein breites Spektrum freier Träger, das von der Kirchengemeinde über Wohlfahrtsverbände bis zur Elterninitiative reicht. Recherchieren Sie für den Bericht die genaue Bezeichnung der Kita und des Trägers.

Die *Lage* der Kita kann kurz beschrieben werden. Durch welche Merkmale sind das Wohngebiet oder das Umfeld der Kita gekennzeichnet? Wie weit reicht das Einzugsgebiet der Einrichtung?

Etwas anspruchsvoller ist eine Auseinandersetzung mit dem gesellschaftlichen Auftrag, den „Ihre" Einrichtung erfüllt. Jede sozialpädagogische Einrichtung arbeitet auf Basis einer gesetzlichen Grundlage, aus der sich ihr konkreter Auftrag ableitet. Eine genauere Beantwortung der Frage nach dem Auftrag der Einrichtung kann im Bericht eine Auseinandersetzung mit den entsprechenden Gesetzen und Vorgaben erfordern.

Kindertagesstätten sind Teil des *Kinder- und Jugendhilfesystems*, die Kinder- und Jugendhilfe wiederum ist Teil der Sozialgesetzgebung Deutschlands und ist gesetzlich geregelt im achten Sozialgesetzbuch, dem SGB VIII.

Die regelmäßige Unterbringung von Kindern in einer familienergänzenden Einrichtung wie Krippe, einem Kindergarten, einem Hort oder in einer selbstorganisierten Gruppe gilt als eine *Leistung der Jugendhilfe* und wird in den §§ 22-26 SGB VIII näher beschrieben. Der allgemeine Förderungsauftrag drückt sich in dem „Dreiklang" Erziehung, Bildung und Betreuung aus und umfasst die soziale, emotionale, körperliche und geistige Entwicklung des Kindes (§ 22 Abs. 3 SGB VIII).

Die Landesgesetze (Kitagesetze) bilden die Rechtsgrundlage auf Länderebene. Eine Übersicht der Landesgesetze finden Sie beim deutschen Bildungsserver https://www.bildungsserver.de, geben Sie als Suchbegriff die „Ausführungsgesetze der Länder zu Tageseinrichtungen für Kinder (Kitagesetze)" ein.

Die Mindestanforderungen an räumliche Ausstattung, Qualifikation des Personals oder Gruppengröße finden sich in Rechtsverordnungen (z.B. als Kindertagesstättenverordnung) des jeweiligen Bundeslandes. Die gesetzlichen Grundlagen oder Rechtsvorschriften, aus denen sich die konkreten Betreuungsangebote und andere Leistungen der Kita ergeben, können im Rahmen einer Arbeitsfeldanalyse dargestellt werden. Hinweise dazu, wie Sie Gesetze im Bericht zitieren, finden Sie in > Kap. 8.

> Kap. 8

Informationen zu den *Öffnungszeiten* der Einrichtung erhalten Sie auf der Webseite der Einrichtung, von den *Räumlichkeiten* und der

Ausstattung machen Sie sich im Rahmen der Hospitation (> Kap. 2) am besten ein eigenes Bild. Es kann sinnvoll sein, eine Raumskizze vom konkreten Einsatzgebiet anzufertigen. Auch das Außengelände, seine Aufteilung und Beschaffenheit können bei Bedarf näher beschrieben werden.

> Kap. 2

Ein weiterer Punkt, der angesprochen werden kann, ist die Personalsituation der Kita. Ergeben sich die Anzahl und berufliche Ausbildung des Personals nicht aus den ersten persönlichen Kontakten zu den Mitarbeiterinnen/Mitarbeitern, müssen diese bei der Leitung erfragt werden.

Die Personalsituation Ihrer Kita lässt sich im Rahmen eines *Organigramms* grafisch darstellen. Bei der grafischen Darstellung werden die unterschiedlichen Hierarchieebenen der Kita sichtbar gemacht. Es verschafft dem Leser/der Leserin einen Überblick über die Grundstruktur der Kita und verdeutlicht die berufliche Qualifikation der Mitarbeitenden.

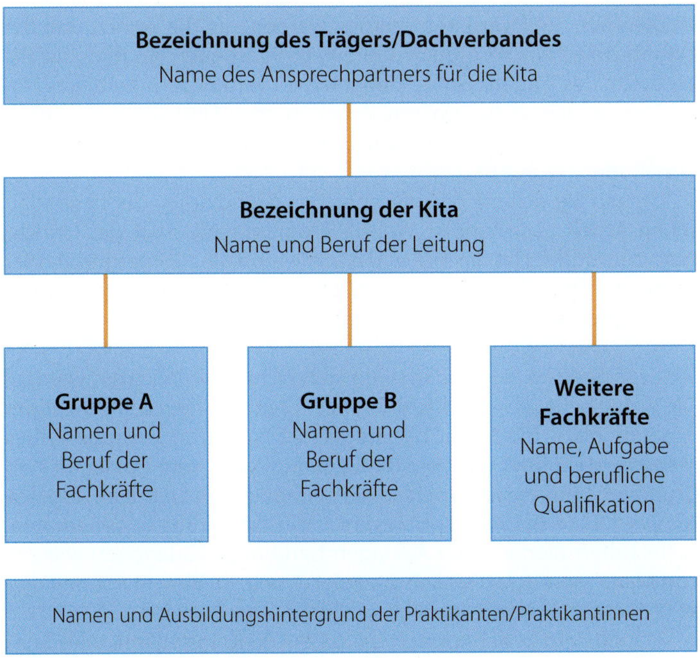

Abb. 4.2 Organigramm einer Einrichtung

Die Leitung wird auf einer Ebene dargestellt, eine eigene Ebene bilden die Fachkräfte, z.B. die Gruppenerzieher/-innen und die Mitarbeitenden mit gruppenübergreifenden Aufgaben, wie Fachkräfte für Sprachförderung. Ergänzt werden können weitere Personen oder Personengruppen wie Eltern- oder Personalratsvertreter oder Kooperationspartner der Einrichtung.

Alle Namen müssen für den Bericht ggf. anonymisiert werden. > Kap. 8.3

> Baustein G

In > Baustein G: Die Beschreibung der Einrichtung und des Arbeitsfeldes finden Sie eine Reihe von Punkten, die Ihnen dabei helfen, das Arbeitsfeld als Ganzes zu erfassen und im Bericht strukturierend darzustellen. Welche Punkte für besonders relevant sind, um das Arbeitsfeld genauer zu erfassen, entscheiden Sie selbst.

4.2 Pädagogische Schwerpunkte, Arbeitsabläufe und Einsatzgebiet

Die pädagogische Ausrichtung einer Kita ist eng an die Eltern gebunden – diese entscheiden, welche Kita ihr Kind besucht. Eine wichtige schriftliche Orientierungshilfe für die Auswahl eines Betreuungsangebots ist für die Eltern daher die *Konzeption der Einrichtung*. Im Idealfall wird eine pädagogische Konzeption vom Team gemeinsam erstellt, weiterentwickelt und ist als Aushängeschild der Arbeit transparent für jeden, z.B. als Download auf der Webseite, zugänglich gemacht, auch für Praktikanten/-innen.

Obwohl für jede Kita eine Konzeption existieren muss, ist der direkte Zugriff dennoch nicht immer möglich. Vielleicht ist die Konzeption veraltet oder gerade in Überarbeitung. In diesem Fall müssen die Prinzipien oder die Leitsätze der Arbeit der Webseite oder anderen Medien wie z.B. Flyern entnommen werden, die die Einrichtung der Öffentlichkeit zur Verfügung stellt. Wichtig ist auch ein Blick auf die Webseite des Trägers. Einige Träger haben verbindliche Leitlinien formuliert, an denen die konkrete Arbeit in ihren Einrichtungen ausgerichtet werden soll. Hinweise dazu, wie man aus einer Konzeption zitiert, finden Sie in > Kap. 8.

> Kap. 8

Eine Auseinandersetzung mit den wesentlichen Grundzügen der pädagogischen Arbeit sollte bereits vor Aufnahme des Praktikums erfolgen, z.B. am Hospitationstag.

Setzen Sie sich mit den wesentlichen Grundzügen der pädagogischen Arbeit auseinander: Welche Programmatik liegt der Einrichtung zugrunde? Hat die Kita einen konfessionellen Hintergrund oder einen spezifischen Schwerpunkt, z.B. im Bereich der naturwissenschaftlichen Bildung? Teilen Sie die Grundidee?

Die Grundidee zur Einrichtung sollte im Bericht näher erläutert werden. Die weltanschauliche Ausrichtung des Trägers ist hierzu ein wichtiger Ansatzpunkt – die Arbeit des Trägers ist häufig an ein spezifisches Menschenbild oder Bild vom Kind geknüpft, aus dem Aussagen zum Grundverständnis der Arbeit sowie pädagogische Leitideen abgeleitet werden. In der Konzeption wird dann darauf Bezug genommen. Nicht selten dienen auch Aussagen berühmter Pädagogen wie z.B. von Maria Montessori als Leitsätze der Arbeit. Im Bericht können diese Leitsätze der Arbeit wörtlich wiedergegeben werden.

Häufig wird in der Konzeption auf die Bildungsleitlinien des Bundeslandes Bezug genommen, indem z.B. auf Bildungsbereiche verwiesen wird, die im Rahmen der Bildungsarbeit berücksichtigt werden. Auch auf diese Bezüge kann im Bericht hingewiesen werden.

Die pädagogische Umsetzung der Leitideen führt zu den *Schwerpunkten der Arbeit* in der Einrichtung. Der Bildungsauftrag einer Kita wird in der Praxis von den Trägern und den Einrichtungen auf sehr vielfältige Weise ausgefüllt, was sich in sehr unterschiedlichen Konzepten und Vorgehensweisen ausdrückt. Mögliche Schwerpunkte der Kita können die Gestaltung der Eingewöhnungszeit, die Raumausstattung, die Zusammenarbeit mit den Eltern, die Qualitätsentwicklung, die Vernetzung im Stadtteil oder die Beteiligung der Kinder an Entscheidungen sein. In manchen Konzeptionen wird auf ein bestimmtes Handlungskonzept wie z.B. den situationsorientierten Ansatz verwiesen, um Grundsätze des didaktischen Handelns (> Kap. 6) zu verdeutlichen.

> Kap. 6

Die Möglichkeiten sind fast unbegrenzt. Im Bericht kann aus Platzgründen nicht die gesamte Konzeption zusammengefasst werden, daher sollten Sie den Fokus auf einzelne, für das Verständnis Ihrer Arbeit und Ihres gewählten Schwerpunktes wesentliche Punkte richten, die Sie dann näher erläutern. Das kann eine Besonderheit sein, die das Profil gerade dieser Einrichtung verdeutlicht, das können auch Aussagen sein, die für das Erreichen Ihrer Ziele im Praktikum von besonderer Bedeutung sind, z.B. Aussagen

- zur Bedeutung des Spiels,
- zum Bild vom Kind,
- zur Haltung der Fachkraft,
- zu den Zielen der pädagogischen Arbeit,
- zum Stellenwert von Bildungsangeboten,
- zu den Räumlichkeiten.

Fassen Sie wesentliche Aussagen aus der Konzeption mit eigenen Worten zusammen, zitieren Sie nur einzelne zentrale Aussagen wörtlich.

Werden in der Konzeption Grundsätze der Zusammenarbeit mit Praktikanten/-innen ausformuliert, können diese in den Bericht einfließen.

Ein anderer Aspekt, dem Sie besondere Aufmerksamkeit schenken können, sind die *Methoden der Arbeit* und die eng damit verbundenen Arbeitsabläufe. Im Bericht können z.B. Begrüßungs- oder Verabschiedungsrituale näher dargestellt werden. Auch die Beschreibung des Ablaufs eines typischen Morgen- oder Abschlusskreises kann als anschauliches Element in den Bericht eingebaut werden. Die Organisation der Mahlzeiten, z.B. ob es feste Zeiten oder gleitende Frühstückszeiten gibt, kann für den Leser/die Leserin ebenso interessant sein wie die Gestaltung der Übergänge und Aufräumrituale. Wiederkehrende Tätigkeiten können auch am Beispiel eines Tagesablaufes (> Baustein H: Beschreibung eines Tagesablaufes) aufgezeigt werden. Da die Methoden der Arbeit im Laufe eines Kita-Tages sehr vielfältig sind, müssen Sie auch hier für Ihren Bericht eine Auswahl treffen.

> Baustein H

Vielleicht möchten Sie im Bericht ein Ereignis hervorheben, das in die Zeit des Praktikums fällt, z.B. ein bestimmtes Fest. Die zeitlichen Abläufe in Kitas sind häufig zyklisch strukturiert, d.h. es gibt typische Wochenabläufe und sich wiederholende Aktivitäten im Jahresverlauf, auf die Sie hinweisen können.

Der Leser/die Leserin sollte nähere Informationen darüber erhalten, wo und wie Sie konkret in der Kita eingesetzt werden. Dazu gehören zunächst Angaben zur Klientel, der Sie zugeordnet worden sind. Häufig werden Praktikanten/-innen für das gesamte Praktikum einer Kita-Gruppe zugeordnet. Die *Angaben zu dieser Gruppe* sollten zunächst allgemein gehalten werden und statistische Elemente wie die Anzahl der Kinder oder die Altersverteilung enthalten. Im weiteren Verlauf des Berichtes kann die Gruppe ggf. auf der Grundlage weiterer Informationen und eigener Beobachtungen genauer beschrieben werden (> Kap. 5.3).

> Kap. 5.3

Falls Sie keiner festen Gruppe zugeordnet sind oder es in der Kita keine Gruppenaufteilung gibt, können Sie auch Angaben zu den *Räumen* und deren Funktion machen, in denen Sie hauptsächlich tätig werden.

4.3 Das Tätigkeitsspektrum im Praktikum darstellen

Beschreiben Sie im Bericht die konkreten *Aufgaben*, die Sie übernommen haben. Dazu kann ebenso scheinbar Selbstverständliches wie die Begrüßung des einzelnen Kindes und seiner Bezugsperson am Morgen oder die bewusste Begleitung von Kindern im Freispiel gehören. Vielleicht nehmen Sie am Morgenkreis teil oder beteiligen sich an Alltagsverrichtungen wie dem gemeinsamen Zähneputzen nach den Mahlzeiten oder dem gemeinsamen Aufräumen.

Unterteilen lassen sich diese Aufgaben in unterschiedliche Bereiche, z.B. in

- pflegerisch-unterstützende Tätigkeiten,
- pädagogische Tätigkeiten und
- organisatorische und verwaltende Tätigkeiten.

Als Praktikantin werden Sie eingebunden in den Arbeitsalltag der Einrichtung und damit in eine Vielfalt unterschiedlicher Aufgaben

- Regelmäßig wiederkehrende Aufgaben im Tagesablauf, z. B. das Tischauf- und abdecken mit den Kindern, Organisation von Gruppenzusammenkünften wie dem Morgenkreis; Zähneputzen und Aufräumen.
- Beobachtung der Kinder/der Gruppe. Es geht um die begründete Auswahl von Beobachtungsverfahren, die Anwendung entsprechender Beobachtungsinstrumente (> Kap. 5.2), die Deutung der Beobachtungen und Interpretation sowie die Ableitung angemessener Vorgehensweisen oder die Entwicklung spezifischer Bildungsangebote.

> Kap. 5.2

- Arbeit mit Gruppen unterschiedlicher Größe, z. B. wöchentliche Bewegungsangebote oder ein Ausflug in die Umgebung. Auch Spiele im Stuhlkreis oder die Organisation und Begleitung des Kinderrates gehören zu den möglichen Herausforderungen.
- Tätigkeiten zur individuellen Förderung der Kinder. Je nach Ausbildungsstand und Ihren eigenen Fähigkeiten gibt es ein breites Spektrum an Aufgaben, z.B. die Planung und Durchführung eines Angebotes für ein einzelnes Kind. Auch die die Hospitation bei speziellen Förderangeboten im Bereich der Ergotherapie, Logopädie oder anderen therapeutischen Angeboten in der Einrichtung bietet Lernmöglichkeiten.

Welche Aufgaben Sie selbstständig oder unter Anleitung übernehmen können, sollten Sie frühzeitig mit der anleitenden Fachkraft abklären.

- Gruppenübergreifende Aufgaben sind ein weiterer Bereich, in den Praktikantinnen und Praktikanten eingebunden werden können. Die Teilnahme an Teamsitzungen ist wünschenswert. In Absprache mit der Praxiseinrichtung gibt es Möglichkeiten der Hospitation, z. B. bei Gesprächen mit den Erziehungsberechtigten bis hin zu Gesprächen im multiprofessionellen Team. Darüber hinaus ist es möglich, Praktikantinnen in gruppenübergreifende Prozesse einzubinden: die Mitorganisation und Durchführung von Elternversammlungen, Festen, Benefizveranstaltungen, Gottesdiensten, das Verfassen von Elterninformationen, die Mitarbeit an der Konzeptionsentwicklung, die Teilnahme an Fortbildungen u. v. m.

Manche Aufgaben bringen eine längere Vorbereitung, eine Terminierung und/oder Absprachen im Team mit sich. Deshalb ist es wichtig, rechtzeitig Absprachen zu treffen und zu planen. Hier unterstützt die Führung des Ausbildungsplanes (> Kap. 3.1.4).

Sie können dabei unterscheiden, welche Tätigkeiten Sie selbstständig ausführen und bei welchen Aufgaben Sie die Fachkraft oder Anleiterin lediglich begleiten und unterstützen.

Eine genauere Auswertung und Reflexion Ihrer Tätigkeiten und Erfahrungen im Praxisfeld erfolgt in der Regel am Ende des Berichtes in der Gesamtreflexion (> Kap. 7).

Die Übersicht im > Baustein I: Tätigkeitsfelder im Praktikum hilft Ihnen dabei, Ihre Tätigkeiten im Praktikum strukturiert darzustellen.

Stellen Sie im Bericht Ihre Erfahrungsfelder und Tätigkeiten möglichst objektiv dar. Die kritische Betrachtung und Analyse sollte in einem eigenen Schritt erfolgen und im Bericht deutlich von der Situationsbeschreibung abgesetzt werden (> Kap. 7.2.2).

> Kap. 3.1.4

Stellen Sie deutlich dar, inwieweit Sie hospitiert und den Kita-Alltag der Kinder beobachtet haben, und inwieweit Sie sich in den Tagesablauf einbringen und die Kinder aktiv begleiten konnten.

> Kap. 7.2.2
> Baustein I

4.4 Begegnungen und Situationen beschreiben

Nachdem Sie sich einen Überblick über Ihre Tätigkeiten verschafft haben, sollten Sie ihre Begegnungen mit Kindern, mit den Eltern/Angehörigen, dem Team, der Leitung oder mit anderen Personen genauer in den Blick nehmen. Auch die Interaktion mit der Anleiterin/dem Anleiter oder der Lehrkraft/Dozent/-in des Lernortes Schule/Hochschule kann im Bericht näher beleuchtet werden.

Wie für den gesamten Bericht gilt hier: Sie müssen eine Auswahl treffen, das Erlebte reduzieren und möglichst mit Ihren selbst gewählten Zielen und Schwerpunkten (> Kap. 3) in Zusammenhang bringen.

> Kap. 3

Wo kann man beim Schreiben des Berichtes ansetzen, um die Erfahrungen etwas genauer zu analysieren? Schauen Sie sich die Tätigkeitsbereiche näher an, so werden Sie feststellen, dass der größte Teil Ihrer zukünftigen beruflichen Tätigkeit durch *Interaktions- und Kommunikationsprozesse* bestimmt wird. Interaktion und Kommunikation sind Schlüsselbegriffe, mit denen Sie im Bericht arbeiten können, um die Komplexität Ihrer Erfahrungen einzugrenzen und zu strukturieren. Über unterschiedliche Formen der Kommunikation und Interaktion haben Sie eine Beziehung zu den Kindern und zu anderen Personen aufgebaut, diese im Praktikum aktiv gestaltet und über einen begrenzten Zeitraum aufrechterhalten.

4.4.1 Die Begegnung mit den Kindern

In den meisten Berichten wird die Kommunikation mit den Kindern im Mittelpunkt des Interesses stehen. Wie war die Reaktion der Kinder auf die neue Person in der Gruppe zu Beginn des Praktikums? Haben Sie zu einem oder mehreren Kindern einen besonderen Zugang gefunden, ein Kind genauer beobachtet oder sich in besondere Weise um ein Kind gekümmert, sollten Sie das in Ihrem Bericht zum Ausdruck bringen (> Kap. 5).

Betrachten Sie die Gründe, aus denen Sie zu einzelnen Kindern eine besondere Bindung/Beziehung aufgebaut haben, selbstkritisch – wie lässt sich die getroffene Auswahl im Bericht begründen?

> Kap. 5

Bemerkungen von Kindern oder Gespräche mit Kindern können den Bericht lebendig machen und dem Leser/der Leserin das Gefühl vermitteln, in der Situation dabei gewesen zu sein. Äußerungen der Kinder können auch wörtlich zitiert oder durch indirekte Rede wiedergeben werden.

4.4.2 Interaktion im Team

Leitungsaufgaben werden im Praktikum oft nur indirekt erkennbar und müssen ggf. von Ihnen erfragt werden.

> Kap. 4.5
> Baustein T

Die Teamsituation ist ein weiterer Aspekt, der sich im Bericht darstellen lässt. Die Kooperation mit den Mitarbeitern und Mitarbeiterinnen, mit denen Sie in Ihrer Gruppe zusammengearbeitet haben, kann thematisiert werden. Wie erfolgte die Abstimmung über regelmäßige Arbeitsabläufe? Auch die Zusammenarbeit im Gesamtteam der Kita kann beschrieben werden. Welche Absprachen wurden getroffen, welche Organisationsabläufe könnten für den Leser/die Leserin von Interesse sein? Vielleicht hatten Sie im Praktikum die Möglichkeit, sich aktiv in eine Teambesprechung einzubringen und möchten das im Bericht näher ausführen. Eine genauere Analyse der Teamsituation setzt ein längeres Praktikum voraus und sollte die Analyse der eigenen Rolle im Team (> Kap. 4.5 und > Baustein T) einschließen.

4.4.3 Zusammenarbeit mit der Anleitung

> Kap. 3.1.4

Wählen Sie insbesondere solche Situationen aus, die dazu beitragen, Ihre Ziele, Schwerpunkte und Ihre Entwicklung zu verdeutlichen.

> Kap. 7

Eine besondere Rolle nehmen für Praktikanten/-innen die Gespräche mit der Anleiterin/dem Anleiter ein. Die *Anleitung* ist wichtigste direkte Ansprechpartnerin in allen das Praktikum betreffenden Fragen. Eine gelungene Kommunikation mit der Anleitung ist eine der wichtigsten Voraussetzungen für ein erfolgreiches Praktikum. Eine erfahrene Fachkraft ermöglicht den angehenden Berufskollegen/-innen ein geplantes Ausprobieren, kommuniziert die jeweiligen Anforderungen in den unterschiedlichen Phasen des Praktikums und gibt qualifiziertes Feedback. Ein gelungenes Praktikum basiert nicht zuletzt auf einem *gemeinsam* erstellten Ausbildungsplan (> Kap. 3.1.4) und auf dialogisch ausgerichteten Kommunikationsformen während der Praktikumszeit. Eine fehlerfreundliche Haltung der Anleitung ermöglicht es der Praktikantin/dem Praktikanten, sich im Anleitungsgespräch gegenüber Kritik zu öffnen und die eigenen Entwicklungsziele kritisch zu betrachten. Für den Bericht sind beispielhafte Situationen, in denen Lern- und Veränderungsprozesse verdeutlicht werden können, von besonderem Wert. Die eigene Entwicklung während des Praktikums kann in einer abschließenden Reflexion (> Kap. 7) von der Praktikantin/dem Praktikanten zum Ausdruck gebracht werden und sollte von der Anleiterin/dem Anleiter eingesehen werden können.

4.4.4 Interaktion mit den Eltern

Die Auseinandersetzung mit der Bildungs- und Erziehungspartnerschaft zwischen Fachkräften und Eltern ist ein das Berufsbild prägendes Element und deshalb ein potenzieller Bestandteil eines Praktikumsberichtes. Die pädagogische Arbeit in der Kita ist eng an die Eltern gebunden. Dennoch sind die *Eltern*[6] für Praktikanten/Praktikantinnen oft nur in begrenztem Maße direkte Interaktionspartner. Vielleicht gab es in Ihrem Praktikum Begegnungen, bei denen Sie die Erziehungs- und Bildungspartnerschaft mit den Eltern bewusst erleben und aktiv mitgestalten konnten?

Die Grenzen der Unterstützung und Beratung von Eltern und Familien zu erkennen, bedeutet oft eine erste Auseinandersetzung mit externen Unterstützungssystemen. Die Kooperation mit Unterstützungssystemen und Netzwerken wird für viele Praktikanten/Praktikantinnen nur indirekt z.B. im Rahmen von Hospitationen oder als Nebeneffekt einer Projektdurchführung erfahrbar. Erst im späteren Berufsalltag gewinnt die aktive Organisation und Gestaltung von Kooperationen an Bedeutung.

4.4.5 Darstellung von Störungen und Konfliktsituationen

Zu einer gelungenen Kommunikation gehört es, Störungen frühzeitig anzumelden und offen im Team anzusprechen. Störungen in der Kommunikation selbst sollten möglichst im Praktikum direkt und offen angesprochen und zeitnah aufgearbeitet und geklärt werden. Im Bericht sollten die mit einem Konflikt verknüpften Interaktions- und Kommunikationsprozesse sachlich beschrieben werden. Die Kommunikationskultur der Einrichtung wird dadurch in einem Ausschnitt abgebildet.

Auch wenn im Praktikum Gefühle von Frustration oder auch Wut hochkommen: Der Bericht sollte nicht für eine nachträgliche Abrechnung genutzt werden.

Bei der Darstellung eines Konfliktes betrachten Sie die Vorgänge möglichst von außen und schaffen so die Grundlage für eine Betrachtung der Situation auf einer Metaebene.

Wird das eigene Verhalten im Praktikum von anderen in Frage gestellt, bedeutet ein angemessener Umgang mit solcher Kritik zunächst, diese oft als schwierig empfundene Situationen angemessen, d.h. sachlich und prozessorientiert zu beschreiben. Machen Sie Ihre eigene Position deutlich, berücksichtigen Sie aber auch andere Sichtweisen und Fremdwahrnehmungen, ohne diese zu bewerten oder zu beurteilen. Signalisieren Sie eine grundsätzliche Offenheit gegenüber unterschiedlichen Lösungsansätzen und verdeutlichen Sie Ihre pädagogische Haltung, ohne dass es nach Rechtfertigung oder Verteidigung klingt. Unterscheiden Sie zwischen Alltagskonflikten und Konflikten, die in unterschiedlichen pädagogischen Vorstellungen oder Haltungen begründet sind, und deshalb im Bericht ggf. genauer analysiert werden sollten.

6 Mit dem Begriff „Eltern" sind hier die verschiedenen Ausprägungen von Elternschaft gemeint, Mütter, Väter, alleinerziehende Eltern, gleichgeschlechtliche Eltern, verheiratete und nicht verheiratete Eltern, Eltern von Adoptiv- oder Pflegekindern sowie andere Personen, die die Elternrolle einnehmen.

Beispiel: Konfliktsituation im Praktikum

Die Kita-Leiterin kommt an dem Raum vorbei, in dem Leon, der Praktikant, mit einer Gruppe von acht Kindern Bewegungsspiele durchführt.

Leiterin: Leon, muss das sein, dass Ihre Gruppe einen solchen Lärm macht?

Leon: Die Kinder müssen doch einmal Krach machen können. Sie können ja nicht immer nur stillsitzen.

Leiterin: Frau Große im Nebenraum hat sich bereits bei mir beschwert. Sie möchte ein neues Lied einüben und wird dabei durch das Geschrei und Getobe Ihrer Gruppe gestört.

Leon: Die Kinder haben nun mal das Bedürfnis zu toben, da reicht die kurze Zeit draußen auf dem Kindergartengelände nicht.

Wie lässt sich ein vergleichbarer Konflikt im Bericht angemessen darstellen? Zunächst geht es darum, die Situation möglichst objektiv wiederzugeben. Der kurze Dialog sollte also in wörtlicher Rede oder auch zusammenfassend in indirekter Rede reproduziert werden.

Greifen Sie auf theoretische Modelle der Kommunikation zurück.

Kommunikationsprozesse auf der Grundlage theoretischer Modelle zu beschreiben und zu analysieren ist inhaltlicher Bestandteil von Ausbildungsgängen zur Kita-Fachkraft.

Es kann bei der Analyse von Gesprächen sinnvoll sein, zwischen unterschiedlichen Ebenen der Kommunikation zu unterscheiden, z.B. zwischen der Inhalts- und Beziehungsebene einer Nachricht.

Verdeutlichen Sie bei beruflich bedingten Konflikten Ihre eigenen Motive und Ihre Position, indem Sie begründen, welche Verhaltensweisen Sie annehmen können und welche Sie nicht annehmen können. Kann Leon im Beispiel die Position von Frau Große nachvollziehen? Überlegen Sie bei der Darstellung eines Konfliktes, was Ihre Argumente sind und was die Argumente Ihres Gegenübers sein könnten. Machen Sie deutlich, was Sie überzeugt und was Sie nicht überzeugen kann. Begründen Sie Ihre Meinung fachlich. In diesem Beispiel sollte Leon die unterschiedlichen Perspektiven der beteiligten Personen verdeutlichen und seine Haltung bezüglich des Bewegungsbedürfnisses der Kinder genauer begründen.

> Kap. 7

Überprüfen Sie außerdem, ob es für Sie jemanden gab, mit dem Sie den Konflikt besprechen konnten. Welche Versuche zwischen den beteiligten Personen gab es, den Konflikt zu lösen? In obigem Beispiel: Gab es ein Gespräch zwischen der Leiterin, Frau Große und Leon? Die genannten Fragen bieten viele Möglichkeiten einer weitergehenden Reflexion (> Kap. 7).

4.5 Die Rolle im Praktikum beschreiben

Das Modell der Rolle (Dahrendorf 2006) als ein Modell zur Beschreibung von Situationen, in denen Normen und Sanktionen existieren, kann Ihnen helfen, Ihre Interaktion und Kommunikation mit den Kindern und Erwachsenen im Praktikum bewusst wahrzunehmen und Ihre Handlungsoptionen kritisch einzuschätzen.

Als Praktikant/Praktikantin nehmen Sie in der Kita eine soziale Position ein, die dadurch gekennzeichnet ist, dass mit dieser Position bestimmte *Erwartungen* verknüpft sind. Auch wenn diese Erwartungen nicht immer explizit ausgesprochen werden, gibt es bestimmte Vorstellungen und Bilder, die die Erscheinung und den Charakter (Rollenattribute), aber besonders das Verhalten (Rollenverhalten) einer Kita-Praktikantin/eines Kita-Praktikanten betreffen.

Die bisher genannten Interaktionspartner sind gleichzeitig auch diejenigen, die Erwartungen an Sie in Ihrer Rolle „Praktikant/-in" richten. Personen oder Personengruppen richten ganze „Bündel" von Erwartungen an Sie in Ihrer aktuellen sozialen Rolle in der Kita. >Baustein T: Die Rolle des Praktikanten/der Praktikantin im Spektrum unterschiedlicher Erwartungen hilft Ihnen dabei, diese Erwartungen bestimmten Personen/Personengruppen zuzuordnen und sie transparent zu machen.

>Baustein T

So erwartet der Träger in der Regel die Erfüllung der rechtlichen Vorgaben und eine angemessene Kooperation und Kommunikation (z.B. im Bewerbungsverfahren). Die Eltern erwarten möglicherweise, dass sie die individuellen Bedürfnisse gerade ihres Kindes erkennen und berücksichtigen. Im Team herrscht eventuell die Erwartung vor, dass Praktikanten/-innen aktiv auf die Mitarbeitenden zugehen, und die Leitung erwartet die Teilnahme an besonderen Kita-Festen – auch am Wochenende.

Rollenerwartungen haben einen Grad von Verbindlichkeit, der sich der/die Einzelne nicht ohne Weiteres entziehen kann. Die Erfüllung der Erwartungen wird abgesichert durch *Sanktionen*, die bei Befolgung von Erwartungen einen positiven Charakter haben können, wie etwa ein Lob durch die Anleiterin, wenn Aspekte der Rolle besonders gut erfüllt werden, z.B. bei besonders guter Vorbereitung eines Freispielangebotes. Bei Nicht-Befolgung verbindlicher „Muss-Erwartungen" erfolgen aber auch negative Sanktionen, z.B. ein Verweis durch die Leitung bei wiederholter Unpünktlichkeit. Soziale Rollen werden nicht "gespielt", sie haben Ernstcharakter.

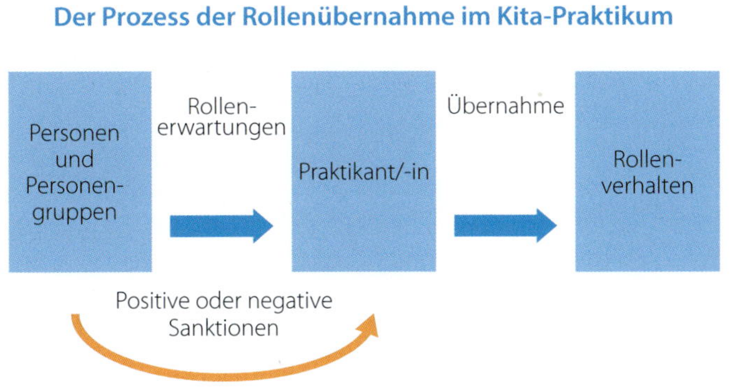

Abb. 4.3 Der Prozess der Rollenübernahme im Kita-Praktikum

Betrachten Sie kritisch, wenn Ihnen in der Einrichtung eine andere Rolle als ursprünglich vorgesehen zugewiesen wird, wenn Sie z.B. als hauswirtschaftliche Kraft eingesetzt oder wenn Sie als „vollwertige Mitarbeiterin/vollwertiger Mitarbeiter" päd. Fachkräfte ersetzen sollen.

Die Auseinandersetzung mit den Erwartungen kann schnell ein Gefühl der Überforderung auslösen: Wer soll und kann das alles erfüllen? Die Rolle Praktikant/Praktikantin bietet aber auch Schutz, sie impliziert die Chance auf Entwicklung, lässt Ausprobieren und gelegentliches Scheitern zu.

Prüfen Sie bei der Erstellung Ihres Berichtes, inwieweit sich die Beschreibung bestimmter Begegnungen und die Darstellung Ihrer Rolle im Praktikum in das Gesamtbild einfügen. Welche Aspekte eignen sich besonders für eine genauere, reflektierende Darstellung?

Checkliste Einrichtung und Tätigkeiten

Darstellung der Einrichtung, Tätigkeiten, Interaktionen	Bemerkungen	✓
Was sollte der Leser/die Leserin meines Berichtes unbedingt über die Einrichtung wissen?		
Gibt es Aspekte der Konzeption, die ich beschreiben möchte?		
Gibt es Räumlichkeiten Bereiche des Außengeländes, die im Bericht vorgestellt werden sollten?		
Welche Aufgaben oder Tätigkeiten möchte ich im Bericht beschreiben?		
Über welche Personen/Personengruppen möchte ich im Bericht schreiben?		
Gibt es besondere Kommunikations- und Interaktionssituationen, die ich im Bericht darstellen möchte?		
Wie möchte ich meine Rolle im Praktikum darstellen?		

Baustein G: Die Beschreibung der Einrichtung und des Arbeitsfeldes

Der strukturelle Rahmen der Einrichtung
Praktikumsgeber
(offizielle Bezeichnung der Einrichtung)

Träger
(z.B. Stadt XY)

Trägertyp und Rechtsform
(z.B. freier Träger, eingetragener Verein)

Lage
(Beschreibung des Wohngebietes/Quartiers; Einzugsbereich der Kita)

Einordnung der Einrichtung in das Kinder- und Jugendhilfesystems
(gesetzlicher Auftrag der Einrichtung, rechtliche Grundlagen der Arbeit)

Betreuungsangebot
(Anzahl der Plätze in der Kita, Betreuungsschlüssel, Art und Anzahl der Gruppen; Aufnahmealter, Betreuungsalter, Betreuungszeiten und -formen)

Öffnungszeiten

Räume
(Anzahl/Name der Räume oder Funktionsbereiche des Einsatzgebietes, vorgefundene räumliche Gegebenheiten Ausstattung, Gestaltung des Außengeländes, ggf. mit Skizze)

Personal und päd. Mitarbeitende
(Anzahl der Fachkräfte in der Gruppe, berufliche Qualifikationen, Aufgabenverteilung unter den Mitarbeitenden)

Pädagogische Ausrichtung und Arbeitsabläufe
Grundidee zur Einrichtung
(Wertorientierung, weltanschaulicher Hintergrund des Trägers, Leitsätze der päd. Arbeit)

Konzeptionelle Schwerpunkte
(z.B. Zusammenarbeit mit Eltern; Handlungskonzepte; religiöse Erziehung;)

Methoden der Arbeit und Abläufe
(Aufgaben der Fachkräfte und ihre Zeitstruktur; ausgewählte Methoden)

Arbeitszeiten der Praktikantin/des Praktikanten

Das Einsatzgebiet im Praktikum
Angaben zur Gruppe
(Name der Kindergruppe; Anzahl der Kinder; Altersverteilung, Besonderheiten)

Tätigkeitsfelder
(Auflistung eigener Tätigkeiten in der Kita; wichtige Aufgabenbereiche)

Quellen (z.B. Dokumente der Einrichtung, Bildungsleitlinien des Bundeslandes)

Baustein H: Beschreibung eines Tagesablaufes

Bei den Inhalten in den Feldern handelt es sich um Beispielformulierungen.

Zeiten	Phase	Bemerkungen
7:30 – 08:30 Uhr	**Bringzeit**	Jedes Kind wird von der Erzieherin persönlich begrüßt.
7:30 – 10:30 Uhr	**Freispielzeit und gleitendes Frühstück**	Die Kinder entscheiden frei, was, mit wem und in welchen Gruppen- und Angebotsräumen sie spielen möchten. Ein Tisch ist für Kinder, die frühstücken möchten, reserviert. Die Aufräumphase wird von der Erzieherin angekündigt.
10:30 – 10:45 Uhr	**Morgenkreis**	Prüfen der Anwesenheit, Lieder, Spiele und Absprachen in der Gruppe
10:45 – 11:30 Uhr	**Angebote für Kleingruppen**	Es werden gruppenbezogene Aktivitäten zu unterschiedlichen Bildungsbereichen angeboten und Miniprojekte durchgeführt. Die Kinder haben Wahlmöglichkeiten bei der Teilnahme.
11:30 – 12:30 Uhr	**Freispielphase im Außengelände oder in den Gruppenräumen**	
12:00 – 12:30 Uhr	**Abholphase für die Vormittagskinder**	In der Regel im Außengelände
12:30 – 13:00 Uhr	**Mittagessen, Zähne putzen und Mittagsruhe**	Für die Ganztagskinder
13:00 – 15:30 Uhr	**Freispielphase und Angebote für einzelne Kinder**	Gegen 14:30 Uhr wird ein Snack mit Obst angeboten.
15:30 – 16:00 Uhr	**Aufräumen und gemeinsamer Abschluss**	Es werden im Kreis Lieder gesungen oder Spiele durchgeführt.

Baustein I: Tätigkeitsfelder im Praktikum

Bei den Inhalten in den Feldern handelt es sich um Beispielformulierungen.

Tätigkeitsfeld im Kita-Praktikum	Tätigkeitsbeschreibung	Zeitrahmen (von ... bis....); Häufigkeit, z.B. 1 x wöchentlich	Bemerkungen
Beobachtungen und Hospitationen	Wahrnehmung der Themen der Kinder; freies Beobachtungsprotokoll führen; standardisierten Beobachtungsbogen ausfüllen; Analyse von Beobachtungen und Ableitung von pädagogischen Maßnahmen; Hospitationen bei pädagogischen Fachkräften, der Anleiterin/dem Anleiter; Hospitation bei therapeutischen Angeboten, Sprachförderung u.a.		
Freispiel	Bereitstellen von Material; Mitspielen; Gestaltung zeitlicher Übergänge; spielerische Impulssetzungen, Aufsichtsführung		
Begleitung einzelner Kinder	Kontaktaufnahme, gemeinsames Spiel, auf das einzelne Kind ausgerichtete pädagogische Handlungen; gezielte Spiel- und Gesprächsangebote		

Tätigkeitsfeld im Kita-Praktikum	Tätigkeitsbeschreibung	Zeitrahmen (von ... bis....); Häufigkeit, z.B. 1 x wöchentlich	Bemerkungen
Arbeit mit Kleingruppen	Begleitung von Spielgruppen; Anleitung eines Freispielangebots für eine Teilgruppe; Begleitung beim Zähneputzen, Händewaschen und anderen Alltagsverrichtungen, Begleitung der Mahlzeiten; Durchführung eines Lernarrangements in einem Bildungsbereich, z.B. Sprachspiele, Vorlesen, Bewegungsangebote, musikalische Impulse, Umsetzung musisch-kreativer Ideen, gemeinsames Kochen, Backen; Forschungsfragen verfolgen, Experimente durchführen, Begegnung mit Zahlen, Mengen, Alltagsgegenständen, philosophische oder religiöse Gespräche führen; Exkursionen in den Nahbereich in Begleitung von Fachkräften usw.		
Arbeit mit der Großgruppe	Begrüßung im Morgen- oder Abschlusskreis; Sing- und Spielangebote im Stuhlkreis; Anbieten von angeleiteten Spielen im Außengelände; Vorbereitung und Begleitung einer Phase im Tagesablauf, z.B. Überleitung vom Freispiel zu einer gemeinsamen Mahlzeit; Übernahme von Teilaufgaben der Gruppenleitung (unter Aufsicht der Anleiterin/des Anleiters)		
Teamarbeit	Gespräche zum Tagesverlauf führen; Absprachen im Team der Kita-Gruppe treffen; Anleitungsgespräche zur Arbeit im Praktikum führen; Teilnahme an Teamsitzungen; Protokoll schreiben, gemeinsame Entwicklung von Projektideen im Team; Vorstellung eigener Projekte		
Eltern- und Familienarbeit	Sich den Eltern per Aushang vorstellen/ Weitergabe von Infos zum Praktikum; aktive Kontaktaufnahme zu Eltern; Erstellen von Elterninfos zur aktuellen Bildungsarbeit in der Gruppe; aktive Teilnahme an Entwicklungsgesprächen		
Organisation und Verwaltung	Überprüfen der Anwesenheitsliste; Raumgestaltung; Materialbesorgung und -bereitstellung; Begleitung des Aufnahmeverfahrens für neue Kinder, z.B. Erstellung von Informationen zum Eingewöhnungsprozess neuer Kinder		
Netzwerkarbeit	Gemeinsam mit Fachkräften: Aufnahme und Pflege von Kontakten zu Grundschulen im Einzugsgebiet; Besuch externer Einrichtungen z.B. Feuerwehr; Kontakte zu Beratungsstellen/Fachdiensten; Begleitung externer Kräfte, z.B. Logopäden/-innen		
Sonstige Bereiche			

5 Die Kinder beschreiben und Beobachtungen dokumentieren

Abb. 5.1 „Kinder beschreiben"

Die Kinder bewusst wahrzunehmen und gezielte Beobachtungen durchzuführen, ist eine zentrale Aufgabe in der Kita. Die Beschreibungen der Kinder und der Gruppe bilden die Grundlage für die Planung pädagogischen Handelns und sind somit auch häufig Bestandteil von Praktikumsberichten.

Zu unterscheiden ist die Darstellung grundlegender Informationen bzw. Daten zu den Kindern von der Beschreibung der Kompetenzen und des individuellen Entwicklungsstandes des einzelnen Kindes auf Basis gezielter Beobachtungen. Zusätzlich bedarf es im Bericht auch einer Analyse und Bewertung des Beobachteten. Insgesamt ist bei dieser Tätigkeit der *Schutz der Daten* zu beachten (> Kap. 8).

> Kap. 8

Kompetenzraster			
Handlungsebene	Die Praktikantin/der Praktikant nimmt einzelne Kinder und die Kita-Gruppe bewusst wahr, wendet Methoden der Beobachtung an und leitet daraus gezieltes pädagogisches Handeln ab.		
Sachkompetenz		**Personale Kompetenz**	
Ich kann …			
Wissen	**Fertigkeiten**	**Sozialkompetenz**	**Selbstkompetenz**
… Faktoren benennen, die die Wahrnehmung beeinflussen. … den Unterschied zwischen teilnehmender und nicht-teilnehmender Beobachtung deutlich machen. … Verfahren zur unsystematischen oder systematischen Beobachtung von Kindern beschreiben. … Verlaufsprozesse kindlicher Entwicklung und Entwicklungsphasen in der Kindheit erläutern. … Verfahren zur Einschätzung des Entwicklungsstandes von Kindern benennen. … Möglichkeiten der individuellen Förderung von Kindern aufzeigen. … Modelle zur Beschreibung von Gruppenrollen, Gruppenstrukturen und Gruppenphasen darstellen. … die Lebenswelt der Kinder darstellen.	… treffende Begriffe für die Beschreibung von Verhaltensweisen von Kindern finden. … Verhaltensbeobachtungen und Deutung von Verhalten voneinander trennen. … einzelne Kinder mithilfe eines offenen Beobachtungsprotokolls gezielt beobachten. … in der Einrichtung vorliegende Beobachtungsbögen zu Spielinteressen oder zum Entwicklungsstand von Kindern recherchieren und anwenden. … aus den Beobachtungen Vorschläge für pädagogisch begründete Vorgehensweisen ableiten. … eine Gruppe auf der Grundlage von Kriterien wie Altersverteilung, Beziehungsstruktur oder Gruppenphasen näher beschreiben. … die Entwicklung von Kindern dokumentieren, z.B. durch Portfolio-Beiträge einzelner Kinder.	… Zugang zu einzelnen Kindern finden. … mich in unterschiedliche Kinder einfühlen und meine Empathie ausdrücken. … Bedürfnisse und Wünsche der Kinder wahrnehmen und darauf angemessen reagieren. … mich über meine Wahrnehmungen und gezielte Beobachtungen mit der Anleiterin und anderen Fachkräften austauschen. … Deutungen der Beobachtungen und Interpretationen von Verhaltensweisen wertschätzend und respektvoll ausdrücken. … Beobachtungen anderer Fachkräfte bei meinem pädagogischen Vorgehen einbeziehen. … bei der Reflexion eigener Verhaltensweisen Selbst- und Fremdwahrnehmungen berücksichtigen.	… eigene Wahrnehmungen äußern und selbstorganisiert Beobachtungen durchführen. … eigene Beobachtungsziele setzen und Beobachtungsthemen entwickeln. … Verantwortung im Rahmen der Einschätzung von Verhaltensweisen und Entwicklungsstand von Kindern übernehmen. … die eigene Rolle und subjektive Einflüsse im Beobachtungsprozess reflektieren. … Flexibilität bei der Reaktion auf wechselnde Situationen in der Gruppe zeigen. … Offenheit gegenüber individuellen Lern- und Entwicklungsmöglichkeiten der Kinder zeigen. … eigene Verhaltens- und Vorgehensweisen unter Berücksichtigung von Selbst-/Fremdwahrnehmungen überprüfen.

5.1 Beschreibung der Kinder

Im Praktikumsbericht kann die Beschreibung einzelner Kinder die Arbeit veranschaulichen und das pädagogische Handeln begründen. In diesem Abschnitt finden Sie Hinweise, die bei der Beschreibung eines Kindes und/oder einer Gruppe zu beachten sind.

5.1.1 Sprachstil

Zur Berichtssprache haben Sie bereits im > Kap. 2.4 genauere Informationen erhalten. Zur Erinnerung:

- Formulieren Sie kurze, wenig verschachtelte Sätze.
- Schreiben Sie im Präsens (Gegenwartsform).
- Schreiben Sie sachlich (objektiv) und ohne Bewertung.
- Lassen Sie eine wertschätzende Haltung erkennen.

- Verwenden Sie Positivformulierungen.
- Zeigen Sie Ihre Fachlichkeit durch die richtige Nutzung von Fachvokabular.

> Kap. 2.4

Beispiel

Beschreibung der Ressourcen des Kindes J.	**Hinweise**
J. ist 5 Jahre und 6 Monate alt. Er besucht die Kita seit einem Jahr ganztägig. Er erhält Eingliederungshilfe gem. §35a SGB VIII aufgrund einer diagnostizierten Aufmerksamkeitsdefizits- und Hyperaktivitätsstörung (ADHS). Trotz Empfehlung des Arztes verzichten die Eltern auf die Verabreichung von Medikamenten. In J. Akte sind folgende Ressourcen inklusive seiner Kompetenzen dokumentiert. Diese sind auch im Alltag beobachtbar:	Zu Angaben zum Alter > siehe nächsten Abschnitt Verwendung von Fachvokabular. Beispiele für Präsens Zur Bezeichnung des Kindes > siehe Abschnitt zum Datenschutz
Personale Ressourcen: J. ist ein aufgeschlossen, neugieriges Kind. Er ist interessiert und engagiert sowohl bei der Beschreibung von Sachen als auch im Umgang mit anderen Kindern. Außergewöhnliche Motivation und Können zeigt er im motorischen Bereich. Er spielt nach seinen Aussagen am liebsten Fußball immer und überall. Hier zeigt er Ausdauer, sehr gute Augen-Fuß-Koordination, Reaktionsschnelligkeit, Regelbewusstsein und Teamgeist. Seine Konzentrationsspanne in anderen Aktivitäten beträgt ca. 5 Minuten.	Wie Sie feststellen, sind die Sätze kurz und ohne Nebensätze oder Einschübe formuliert. Kurzfassung ist durch Auflistungen möglich. Wertschätzende Formulierung und keine Übertreibungen, sondern konkrete Angaben.
Soziale Ressourcen: Er wird in der Regel von der Mutter gebracht und abgeholt. 4-5x im Monat erledigt dies sein Vater. Freitags holen ihn die Großeltern mütterlicherseits von der Kita ab und J. verbringt den Nachmittag und Abend bei ihnen. Im Krankheitsfall der Mutter übernehmen diese die Betreuung von J. Ein beliebter Spielpartner für J. und wichtige Bezugsperson ist auch sein 10 Jahre alter Bruder.	Sachliche Formulierung ohne Wertung wie z. B. ‚sein Vater hat kaum Zeit für ihn'.
Sozioökonomische Ressourcen: J. Eltern haben durch ihre Berufstätigkeit als Physiotherapeutin in Teilzeit und Zimmermann in Vollzeit eine stabile finanzielle Basis. Sie leben seit ihrem Umzug vor einem Jahr aus Niedersachsen in einem EFH im Stadtteil XY mit Garten.	Zur Beschreibung von Ressourcen > siehe auch das Beispiel Ressourcenkarte.
Institutionelle Ressourcen: Neben der Förderung in der Kita erhält J. 1x wöchentlich Ergotherapie. Zudem nimmt er 2x wöchentlich am Fußballtraining in einem Verein in der Nachbarschaft teil. Therapie und ein ausgiebiges Bewegungsangebot wahrzunehmen waren im Hilfeplan festgelegte Ziele.	

Abb. 5.2 Ressourcen eines Kindes

5.1.2 Altersangaben

Präzise Altersangaben sind vor allem in den ersten Lebensjahren wichtig, da sich innerhalb weniger Monate große Entwicklungsschritte vollziehen. Es gibt unterschiedliche Möglichkeiten, diese darzustellen. Wichtig ist es, sich für eine Variante zu entscheiden und die Altersangaben einheitlich im Bericht anzuwenden.

Altersangabe	Erklärung dazu
3;11 Jahre	Dies ist die kürzeste Variante. Die Zahl vor dem Semikolon steht für die Jahre und die danach für die Monate.
1 ¼ Jahre	Altersangabe in Vierteljahresschritten. Die Angabe steht für ein Kind im Alter von einem Jahr und drei Monaten. Hier erklärt sich auch, warum eine Kommaangabe unpassend ist. Die Monatsangabe müsste in die Dezimalzahl umgerechnet werden.
4 Jahre und 8 Monate (4 J./8 M.) oder vier Jahre und acht Monate	Ist die auch für Laien (z. B. Eltern) verständlichste Variante und führt am wenigsten zu Missverständnissen.

5.1.3 Beschreibung des Entwicklungsstandes einzelner Kinder

Der Entwicklungsstand eines Kindes lässt sich besonders anschaulich durch die Formulierung von Kompetenzen darstellen. Diese lassen sich in unterschiedliche Bereiche differenzieren, beispielsweise in:

- sozial-emotionale Kompetenzen
- sprachliche Kompetenzen, inkl. zweit- oder mehrsprachiger Kompetenzen
- motorische Kompetenzen
- spiel- und lernmethodische Kompetenzen
- kognitive Kompetenzen

Achten Sie grundsätzlich auf eine positive, wertschätzende Formulierung.

Zusätzlich können Sie aktuelle Bedürfnisse und Interessen des Kindes beschreiben, aus denen sich ggf. Bildungs- und Förderangebote ableiten lassen.

Im Praktikumsbericht sollten Sie begründen können, wie Sie die Kompetenzen ermittelt haben. Hierzu lassen sich unterschiedliche Quellen nutzen:

- Die Akte des Kindes (soweit Sie Einblick darin nehmen dürfen). Hier werden verschiedene Informationen zum Kind festgehalten. Unter anderem finden Sie hier allgemeine Angaben zum Kind wie Alter, Familienverhältnisse, gesundheitliche Beeinträchtigungen, Ressourcen, die Beobachtungsergebnisse zu bereits erfolgten Beobachtungen, die Dokumentation vorhandener Kompetenzen des Kindes, ärztliche Gutachten/Diagnosen, besonderer Förderbedarf.
- Die Aussagen der pädagogischen Fachkräfte zum Kind. Da Wahrnehmungen immer subjektiv sind, sollten Sie das Gesagte mit

ihren eigenen Wahrnehmungen abgleichen oder durch gezielte Beobachtungen ergänzen.
- Das Portfolio, wenn das Kind den Einblick erlaubt.

Machen Sie sich ein Bild durch eigene Beobachtungen und übernehmen Sie nicht voreilig Einschätzungen anderer oder Erkenntnisse aus bereits vorhandenen Dokumentationen. > Kap. 5.2

5.1.4 Beschreibung der Ressourcen des Kindes

Die Ressourcen (> Kap. 3.1) eines Kindes lassen sich im Gespräch mit dem Kind, den Eltern und durch Beobachtung erschließen. Ressourcen sollten vom Kind selbst als Kraftquelle und als positiv unterstützend wahrgenommen werden. Aussagen des Kindes oder Beobachtungen wie z. B. die vertrauensvolle Zuwendung des Kindes zu einer Person, von der es sich trösten/bringen/abholen/wickeln lässt, helfen Ihnen dabei, wichtige Schutzfaktoren zu identifizieren.

> Kap. 3.1

Als Möglichkeit, Ressourcen festzuhalten, kann eine Ressourcenkarte hilfreich sein:

Beispiel: Ressourcenkarte

Abb. 5.3 Beispielkarte (Inhalte entnommen aus Casseé 2010, S. 30 f.)

Sie können die Ressourcen eines Kindes auch im Fließtext darstellen. Eine Ausrichtung an der beschriebenen Einteilung zeigt, dass Sie das Kind im System Familie lebenslagenorientiert betrachten.

Systematisieren bedeutet, die Beobachtung durch die vorherige Auswahl eines *Beobachtungsverfahrens* auf Basis eines *Beobachtungsanlasses* und eines *Beobachtungszieles* sowie eines damit verbundenen *Beobachtungsinstrumentes* durchzuführen.

5.2 Dokumentation von Beobachtung und Entwicklung

Aussagen über den Entwicklungsstand und die Kompetenzen eines einzelnen Kindes sind im pädagogischen Alltag auf der Basis professionell durchgeführter Beobachtungen zu dokumentieren. Beobachtung wird damit zu einer wesentlichen Grundlage für die Erfüllung des gesetzlichen Auftrages einer individuellen Förderung von Kindern in Kindertagesstätten (§ 22 SGB VIII). Ohne ein systematisches Vorgehen ist dies nicht denkbar.

Begründen Sie Ihr Vorgehen und die Auswahl des *Beobachtungsverfahrens* im Bericht. Die Entscheidung zur Wahl des Vorgehens ist abhängig vom jeweiligen Bildungsplan für Kitas in den einzelnen Bundesländern, den spezifischen Schwerpunkten der Ausbildungsstätte und der jeweiligen Praktikumseinrichtung. Aufgrund der Vielfalt werden in diesem Buch lediglich Anregungen gegeben, ohne die gesamte Bandbreite vollständig abzubilden.

Lassen Sie sich nicht von der Vielfalt der Begrifflichkeiten verwirren. In der Literatur ist die Rede von Beobachtungsverfahren, -systemen oder auch Beobachtungsmodellen, -konzepten und -ansätzen. Damit verbunden sind die *Formen der Beobachtung* und die zu nutzenden *Beobachtungsinstrumente,* welche als Beobachtungsbögen bzw. -protokolle bezeichnet werden.

Hierzu ein kurzer Überblick:

Beobachtungsverfahren

Der Begriff *Beobachtungsverfahren* meint einen Ansatz, der theoriebasiert entwickelt wurde, um z. B. aussagekräftige Informationen zur Bildung und Entwicklung des einzelnen Kindes zu erhalten und dessen Themen und Entwicklungsaufgaben zu identifizieren. In einem Beobachtungsverfahren wird der pädagogische Hintergrund erläutert, das Ziel bzw. der Fokus der Anwendung erklärt, die Prozessschritte werden beschrieben und es wird geklärt, mit welchen Werkzeugen (> Beobachtungsinstrumente) beobachtet werden soll. Unterschieden wird zwischen Verfahren, die qualitativ oder quantitativ ausgerichtet sind:

- *Bei qualitativ ausgerichteten Verfahren* liegt der Fokus auf den individuellen Bildungsprozessen und Ressourcen des Kindes, aus denen sich auf der Basis von Beobachtungen differenzierte und individuelle Bildungsangebote ableiten lassen.
- *Quantitativ-diagnostisch ausgerichtete Verfahren* ermöglichen die Beobachtung und Einstufung des Kindes anhand eines vorgegebenen Schemas und eine Vergleichbarkeit mit der Normgruppe.
- Möglich sind auch Mischformen der hier aufgezeigten Verfahren (vgl. Leu 2013, S. 251 ff.).

Beobachtungsinstrumente

Sie sind das Werkzeug, mit dem die Beobachtungen dokumentiert werden. Das können stark strukturierte Beobachtungsbögen sein mit einem Ankreuzschema oder auch weniger vorstrukturierte Protokollvorlagen für die Dokumentation von Beobachtungen.

Beobachtungsformen

Beim Vorgehen wird unterschieden zwischen teilnehmend/nichtteilnehmender, offener/verdeckter, direkt/indirekter und standardisiert-strukturiert/freier Beobachtung. Die einzelnen Beobachtungverfahren geben die Form in der Regel vor.

Bedenken Sie, inwieweit Sie in das Geschehen involviert sind und dadurch Einfluss nehmen auf das Verhalten des Kindes und damit auf das Ergebnis der Beobachtung. Es kann sein, dass das Kind sein Verhalten aufgrund des Wissens um die Beobachtung vollkommen verändert.

5.2.1 Beispiele für Verfahren und Instrumente

Möchten Sie konkrete Beobachtungsergebnisse gewinnen, z. B. bei der Erfassung des Entwicklungsstandes von Kindern, verwenden Sie standardisierte, vorstrukturierte Beobachtungsinstrumente. Es gibt eine Vielzahl davon. Häufig handelt es sich um Ankreuzbögen, die bestimmte Kompetenzbereiche des Kindes erfassen sollen.

- Das *infans*-Konzept (Andres/Laewen 2011)
- Leuvener Engagiertheitsskala (LES-K) (vgl. Hebenstreit-Müller 2019)
- *Bildungs- und Lerngeschichten* (Leu/Fläming u.a. 2015)
- *Wahrnehmendes Beobachten* (Alemzadeh/Schäfer 2021)
- Der *Early-Excellence-Ansatz* mit Ursprung in Corby/Großbritannien (vgl. Viernickel/Völkel 2022, S. 75 ff.)
- Kuno *Bellers Entwicklungstabelle* 0-9: Ermöglicht die individuelle Erfassung der Kompetenzen eines Kindes in den ersten 10 Lebensjahren. Unterschieden wird in acht Entwicklungsbereiche. Körperbewusstsein- und pflege, das Umgebungsbewusstsein, die sozial-emotionale Entwicklung, die Spieltätigkeit, Sprache und Literacy, die kognitive-, grob- sowie feinmotorische Entwicklung (Beller 2016).
- *DES:* Die Diagnostische Einschätzskala (DES) zur Beurteilung des Entwicklungsstandes und der Schulfähigkeit. Die DES ist ein Instrument zur Feststellung der Lernausgangslage des Kindes in seiner Entwicklungsphase im Übergang vom Kindergarten zur Grundschule. (Barth 2022)
- *Entwicklungsbeobachtung und Dokumentation (EBD)*: Eine Arbeitshilfe zur Beobachtung, Interpretation und Auswertung in den sechs Entwicklungsbereichen Haltungs- und Bewegungssteuerung, Fein- und Visuomotorik, rezeptive und expressive Sprache, kognitive, soziale und emotionale Entwicklung für die Altersgruppe 3-48 Monate (Koglin/Petermann/Petermann 2023) und 48-72 Monate (Koglin/Petermann/Petermann 2017).
- *KOMPIK*: Kompetenzen und Interessen von Kindern. Dies ist ein Beobachtungs- und Einschätzbogen für die Arbeit mit Kita-Kindern im Alter von 3,5 bis 6 Jahren. Er umfasst 11 Kompetenzbereiche (Krause/Mayr).
- *Perik:* Systematische Erfassung positiver Entwicklung und Resilienz im Kindergartenalltag. Im Beobachtungsbogen werden die sozial-emotionalen Kompetenzen differenziert aufgeführt. Er wurde entwickelt, um diesen Kompetenzen als Basis für Wohlbefinden und Lernfreude Beachtung zu schenken (Mayr/Ulich 2007).

- *Mein Porträt: Offenes Beobachtungsverfahren auf Basis der Leuvener Engagiertheitsskala, durch* das Engagiertheit sowie das Wohlbefinden von Kindern als Anzeichen für die Qualität von Erziehungs- und Lernprozessen abgebildet werden (Popp/Ungerer-Röhrich 2015).

Instrumente zur Erfassung von Sprachkompetenzen:

- *Seldak*: Sprachentwicklung und Literacy bei deutschsprachig aufwachsenden Kindern (Mayr/Ulich 2006)
- *Sismik:* Sprachverhalten und Interesse an Sprache bei Migrantenkindern in Kindertageseinrichtungen (Mayr/Ulich 2003)
- *Selsa:* Sprachentwicklung und Literacy bei Kindern im Schulalter (1.-4. Klasse) (Hofbauer/Mayr 2012; Hofbauer u.a. 2012)
- *Liseb*: Literacy und Sprachentwicklung beobachten. Systematische Begleitung der Sprachentwicklung von Kindern zwischen 24 und 47 Monaten (Kieferle/Mayr/Schauland 2017).

Informieren Sie das Kind über das Beobachtungsvorhaben. Je häufiger die Kinder wahrnehmen, dass Sie sich Notizen machen, desto weniger lassen sie sich dadurch ablenken.

Einen Überblick über diese und weitere Beobachtungsverfahren und -ansätze sowie Instrumente zur Dokumentation der Entwicklungs- und Bildungsprozesse finden Sie auch auf dem Deutschen Bildungsserver: https://www.bildungsserver.de/beobachtung-und-dokumentation-3044-de.html#Ansaetze_Konzepte_systematischer_Beobachtung_in_der_Kita *[31.05.2024]*

5.2.2 Beobachtungsanlässe

Die Anlässe, ein Kind zu beschreiben und gezielt zu beobachten, sind vielfältig. Sollten Sie von Ihrer schulischen Ausbildungsstätte keine Vorgaben haben, richten Sie sich nach den Vorgaben der Praxiseinrichtung. Unterscheiden lassen sich Beobachtungsanlässe in zwei Varianten:

1. *Regelmäßig wiederkehrende Anlässe*, zu denen Beobachtungen für alle Kinder verbindlich durchzuführen sind und die in den Einrichtungen in der Regel nach einem einheitlichen Grundschema erfolgen. Dies sind z. B. Transitionen, die jedes Kind bewältigen muss:

- der Übergang vom Elternhaus in die Kita
- der Übergang von der Krippengruppe in die Elementargruppe
- der Übergang von der Kita in die Schule

Ein regelmäßiger Anlass ist die jährliche bzw. halbjährliche Entwicklungsfeststellung.

Manche Kitas wählen als Termin für die Erhebung des Entwicklungsstandes den Geburtstag der Kinder oder führen die Erhebung in einem zuvor festgelegten wiederkehrenden Zeitraum durch. Die Regelmäßigkeit ermöglicht es, den Prozess der individuellen Entwicklung eines jeden Kindes abzubilden und eine gezielte Förderung zu gewährleisten, ohne den Fokus zu sehr auf Auffälligkeiten zu haben, die häufig negativ konnotiert sind.

Passen Sie die Planung Ihrer Beobachtungen möglichst dem Beobachtungskonzept der Kita an. Sie erproben sich dadurch real in der Rolle einer Fachkraft und unterstützen das Team.

2. *Anlässe, die individuell bedingt sind.* Diese können vielfältig sein und ergeben sich aus Alltagsbeobachtungen oder auch aus Gesprächen mit dem Kind, den Eltern oder mit dem Team. Mögliche Anlässe können sein:

- Auffälligkeiten hinsichtlich der Kompetenzen im Vergleich zu gleichaltrigen Kindern. Eine Beobachtung ist hier wichtig, um einen individuellen Förderbedarf zu ermitteln. Förderung meint sowohl den Ausgleich von Defiziten als auch die besondere Förderung von Talenten und Interessen der Kinder.
- Auffällige Veränderungen im Verhalten und/oder in der äußeren Erscheinung des Kindes. Vor allem der Schutzauftrag nach §8a SGB VIII zur Überprüfung einer Kindeswohlgefährdung ist hier mitzudenken.
- Fehlende Beziehungsaufnahme zu anderen Kindern oder zu den pädagogischen Fachkräften
- Äußerungen des Kindes/der Kinder zur Nutzung von Material oder auch Räumen.
- Überprüfung von Wertungen/Einschätzung des Kindes durch das Fachpersonal, Vorbeugung von Schubladendenken (vgl. Wahrnehmungsfehler)
- Hinweise der Eltern auf zu Hause auftretende Probleme. Hier ist eine Beobachtung sinnvoll, um abzuklären, ob die Probleme auch in der Kita auftreten.

5.2.3 Mögliche Beobachtungsziele

Das Beobachtungsziel ist verknüpft mit dem Beobachtungsanlass. Geht es z. B. um anstehende Transitionen, die das Kind altersbedingt bewältigen muss, ist es naheliegend, als Beobachtungsziel die Feststellung des Entwicklungsstandes in bestimmten Kompetenzbereichen in den Blick zu nehmen.

Weitere Beobachtungsziele ergeben sich aus dem Geschehen innerhalb der Gruppe und dem individuellen Verhalten des Kindes, z. B. aus der Erkennung von Entwicklungsbesonderheiten oder bei Auftreten aggressiven Verhaltens. Situationen, Häufigkeit, die Form, in der es auftritt und Personen bzw. Dinge, gegen die sich das aggressive Verhalten richtet, sollten durch Beobachtungen konkret dargestellt werden können.

Auch kann bei Beobachtungen zu einzelnen Kompetenzbereichen ein konkreter Handlungsbedarf festgestellt werden. Bei der bewussten Begleitung und Förderung der Kinder sollte es um die Erweiterung und den Erwerb von Kompetenzen gehen, sie ist stärkenorientiert zu denken.

Aus der Festlegung eines Beobachtungszieles ergibt sich oft bereits das weitere Vorgehen bei der Beobachtung und die Auswahl eines Beobachtungsinstrumentes.

5.2.4 Protokoll einer offenen Beobachtung

Für bestimmte Beobachtungsverfahren wie z. B. Bildungs- und Lerngeschichten ist die offene Beobachtungform ein wichtiger erster Schritt. Das Kind wird dabei in seinem individuellen Tun in den Fokus gerückt.

Schreiben Sie bei der *Beschreibung Ihrer Beobachtungen* nur das auf, was tatsächlich zu sehen oder zu hören ist.

Um das Verhalten von Kindern zu erfassen, besteht eine sinnvolle erste Übung darin, das Beobachtete zunächst in einem *Beobachtungsprotokoll* detailliert festzuhalten.

Beispiel: Protokoll einer offenen Beobachtung

Beobachtungsprotokoll	
Name des Kindes: *Oskar* Alter: *5;2 Jahre*	Beobachtungsdatum: *02.12.20xx* Beobachtungszeit: *8:30 – 8:40 Uhr* Protokollant/-in: *Hannah*
Anlass der Beobachtung: *Unruhe auf dem Bauteppich in Anwesenheit Oskars*	Ort der Beobachtung: *Gruppenraum/Bauteppich*
Aktuelle Besonderheiten: *In der Bauecke befinden sich 4 Kinder.*	Beobachtungssituation: *Freispielphase* Beobachtungsziel: *Ursache der Unruhe klären*

Uhrzeit	Beschreibung	Deutung
8:30	*Oskar sitzt die Beine vor sich ausgestreckt auf dem Bauteppich. Er stapelt mit beiden Händen Holzklötze aufeinander. Zwischen seinen Beinen ist ein Turm entstanden. Oskars Blick ist auf den Turm gerichtet. Der Turm schwankt, als er einen weiteren Klotz auflegt. Er hält kurz in der Bewegung inne und lässt den Klotz los, als der Turm wieder stillsteht. Er beißt sich auf die Lippen.*	*Oskar ist anscheinend in sein Spiel vertieft und ist konzentriert.*
	Er verzieht die Mundwinkel nach oben. Er beginnt, eine zweite Reihe angelehnt an den Turm aufzustapeln.	*Er freut sich über das Stehenbleiben des Turmes. Er ist problemlösungsorientiert.*
8:37	*Stina (2;6) sitzt neben Oskar. Sie schaut auf den Turm und dann zu Oskar und sagt zu ihm: „Oh, großer Turm." Sie steht auf und dabei berührt ihr Kleid den Turm. Der Turm stürzt um. Oskar erstarrt. Stina schaut Oskar mit aufgerissenen Augen an. Sie erstarrt ebenfalls.*	*Stina ist erschrocken über den Turmeinsturz.*
8:38	*Oskar schaut zu Stina auf. Seine Augenbrauen sind zusammengezogen. Oskar (im lauten Ton): „Stina, blöde bitch!" Stina (ebenfalls laut): „Selber bitch!". Sie tritt mit dem linken Fuß gegen die Holzklötze. Ein Klotz trifft Oskar ins Gesicht. Er hält eine Hand an seine Wange. Er ruft: „Aua!" Oskar legt beide Hände auf Stinas Rücken und beugt sich nach vorn. Stina fällt auf die Knie. Sie hat Tränen in den Augen. Sie äußert laut: „Pupskacka" Oskar sagt (wieder laut): „Hau ab, sonst spiele ich nie wieder mit dir!". Er hebt die Faust und schaut Stina immer noch mit gleichem Blick an. Stina geht zur Erzieherin am Tisch.*	*Oskar zeigt Wut und reagiert aggressiv. Stina reagiert ebenfalls aggressiv. Oskar empfindet Schmerz.*
8:39	*Sie sagt: „Oskar ist böse und haut."*	*Auch Stina ist wütend und der Sturz hat ihr weh getan.*

Die *Deutung* des Verhaltens erfolgt erst in einem zweiten Schritt. Vorläufige Deutungen werden im Protokoll in einer zweiten Spalte festgehalten.

Wir neigen manchmal dazu, Verhalten vorschnell zu interpretieren, indem wir Aussagen machen wie „Oskar ist aggressiv“ – daher ist es notwendig, zunächst die konkrete Wahrnehmung zu dokumentieren: Oskar zeigt in einer bestimmten Situation eine beobachtbare Verhaltensweise. Legen Sie bei der Wiedergabe von Verhaltensweisen und Handlungen besonderen Wert auf die Auswahl der Verben, die Sie zur Darstellung des Beobachteten verwenden. „… sie äußert laut … er hebt die Faust und schaut … “.

Sprachliche Äußerungen werden bei der Dokumentation von Beobachtungen wörtlich wiedergegeben: „Oskar: ‚*Stina, blöde bitch!*‘“ Bei der Schilderung des Geschehens sollte man das Wort „weil“ vermeiden; temporale Präpositionen wie „während“ oder „nachdem“ verdeutlichen dagegen objektiv nachvollziehbare zeitliche Abläufe. Konkrete Zeitangaben in Stunden, Minuten oder Sekunden sind besser als allgemeine Ausdrücke wie „nur kurz“ oder „nach längerer Zeit“.

Trennen Sie bei der schriftlichen Darstellung von Beobachtungen klar zwischen konkret Beobachtetem und Deutungen, Einschätzungen und Kommentaren. Die beobachteten Vorgänge sollen ohne Ausschmückungen oder Wertungen erfasst werden.

Auf der Grundlage der dokumentierten Beobachtungen erfolgt dann eine vorsichtige Analyse und Deutung des Verhaltens. In diesem Beispiel könnten Sie als Praktikantin/Praktikant die Aussage treffen, dass es Oskar möglicherweise noch schwerfällt, seine Emotionen verbal ruhig und sachlich zu äußern und dass er stattdessen ‚aggressiv reagiert‘.

In der Beobachtungssituation kommt es auf ein zügiges Arbeiten an. Entsprechend hilfreich ist es, ein vorgefertigtes Beobachtungsprotokoll griffbereit zu haben (> Baustein J: Vorlage zur Protokollierung einer offenen Beobachtung). Durch bewusstes Einüben der schriftlichen Darstellung von offenen Beobachtungen können typische Wahrnehmungsfehler reduziert werden. Hierzu gehören z. B. der Halo-Effekt, der Milde- und der Strenge-Effekt, Fehler durch Ermüdung und durch subjektive Einstellungen der beobachtenden Person, der Self-fulfilling-Prophecy-Effekt (eine vollständige Auflistung finden Sie bei Haug-Schnabel/Bensel 2016, S. 17-18).

> Baustein J

5.2.5 Bildungsprozesse des Kindes durch die Führung eines Portfolios dokumentieren

Beobachtungen in der Kita dienen dazu, das Kind in seiner Einzigartigkeit zu beschreiben. Die Dokumentation der Beobachtungsergebnisse ist dazu da, Ihre Aussagen zum Kind zu belegen und seinen Entwicklungs- und Bildungsprozess nachvollziehbar zu machen. Um diesen auch dem Kind und den Eltern bewusst werden zu lassen, ist die Erstellung von *Portfolios* eine adäquate Methode.

Das Führen eines Portfolios ermöglicht es, die Ergebnisse von Alltagsbeobachtungen für das Kind verständlich und sichtbar zu machen. Die Inhalte sind übersichtlich gegliedert und verdeutlichen dem Kind sowie den Eltern, welchen Weg das Kind in seiner Entwicklung gegangen ist, über welche Ressourcen es verfügt und was gelernt wurde. Über die Beteiligung des Kindes an der fortlaufenden

Beim Portfolio liegt der Schwerpunkt auf der Auswahl und kindgerechten Darstellung von Inhalten, nicht auf einer Wiedergabe möglichst objektiver Beobachtungsergebnisse, die eine besondere pädagogische Distanz erfordern.

Ergänzung der Inhalte gelingt es leicht, mit dem Kind ins Gespräch zu kommen und durch Impulse und Fragen zu begleiten. Seine natürliche Neugierde und Motivation, die Welt zu entdecken, wird erhalten.

Kommunikation und Beziehung zwischen Kind und pädagogischer Fachkraft stehen hier im Vordergrund. Unterstützt werden die Vertrauensbildung und das Wohlbefinden des Kindes als Basis für eine optimale Entwicklung und Bildung. Die Eltern sowie das Umfeld werden mit einbezogen, sodass das Kind sein Zuhause und die Kita im Zusammenspiel wahrnimmt.

Das Portfolio ist vor allem ein Instrument individueller Entwicklungsförderung, da das Kind aufgefordert wird, sich selbst und das, was es lernt, wahrzunehmen und darüber nachzudenken. Es wird ein Reflexionsprozess angestoßen, in dem das Kind sich als selbstwirksames Individuum erfährt. Das Kind kann selbst entscheiden, was in sein Portfolio hineingehört, wer es ansehen darf und mit wem es dies es ansehen möchte.

Ein Portfolio kann in verschiedenen Varianten gestaltet werden, z. B. in Blattform (lat. Folium – das Blatt) oder auch digital. Oft ist es der klassische Ordner, der für das Kind greifbar im Gruppenraum steht. Manche Kitas legen für die Kinder persönliche Schatzkisten an, die es ermöglichen, selbst gestaltete Werke, gesammelte Schätze und vieles andere aufzubewahren (vgl. Schubert-Suffrian/Regner 2022).

Die inhaltliche Gestaltung des Portfolios ergibt sich in der Regel aus der Darstellung der Lernentwicklung und den Ressourcen des Kindes, die sich aus einer Vielfalt an Darstellungsformen erschließen lassen: Werke der Kinder, Bildungs- und Lerngeschichten, Fotos wichtiger Bezugspersonen, Fotos der Familie, Fotodokumentationen von gemeinsamen Aktionen im Kita-Alltag, ausgefüllte Fragebögen zu Vorlieben, Freunde, Wünsche, Träume, Lieblingsfarbe, auch Angaben zur Größe, zum Können, Hand- und Fußabdrücke, Notizen zu Interessen, zu Lernprozessen sowie Lerngeschichten, Stärkenposter in Bildform und vieles mehr.

Im Praktikum sollten Sie sich einer bereits vorhandenen Portfolioarbeit anpassen und die Kinder bei der Ergänzung ihrer Portfolios unterstützen. Beschreiben Sie Ihr Vorgehen in Ihrem Praktikumsbericht, reflektieren und dokumentieren Sie, inwieweit die Arbeit am Portfolio zu Ihrer fachlichen Weiterentwicklung beigetragen hat.

5.3 Beschreibung der Gruppe

Eine Gruppenbeschreibung kann im Bericht folgende Aspekte beinhalten:

Statistische Angaben

Statistische Angaben betreffen Häufigkeiten und Verteilungen in der Gruppe, es geht z. B. um Angaben zu Alter, Geschlecht, Anzahl der Geschwisterkinder, Anzahl der neu hinzugekommenen Kinder, Anzahl der in die Schule kommenden Kinder, der Deutsch-Muttersprachler, wie viele Kinder zwei- oder mehrsprachig aufwachsen, ob es Kinder mit besonderen Bedürfnissen gibt, die eine spezifische Förderung erhalten usw.

Religionszugehörigkeit, kultureller Hintergrund, Migrationshintergrund, Berufe der Eltern und vergleichbare Angaben sollten im Praktikumsbericht nur dann erwähnt werden, wenn es für das Verständnis der pädagogischen Arbeit und Schwerpunktsetzung unbedingt notwendig ist. Seien Sie sich bewusst, dass es sich bei sozialen Kategorien wie „Familie mit Migrationshintergrund“ um gesellschaftlich geprägte Zuweisungen handelt.

Betrachten Sie Angaben sozialer Kategorien kritisch. Kategorienbildungen können notwendig sein, um Gruppenzugehörigkeit zu verdeutlichen, bergen aber die Gefahr von Stereotypisierungen. Sie können die Sicht auf die Einzigartigkeit eines Kindes verstellen.

Bestehende Gruppenregeln

Gruppenregeln bestimmen das alltägliche Verhalten der Kinder und sind ein wesentliches Element bei der schriftlichen Darstellung der Vorgänge in der Gruppe. Gruppenregeln bestimmen Formen des Begrüßungs- und Abschiedsrituals oder Ankleiderituale wie z. B. das Anziehen der Hausschuhe an der Garderobe, das Aufhängen der Jacke, aber auch Ordnungsregeln wie das Spielzeug nach Gebrauch an seinen ursprünglichen Platz zu stellen, nach dem Betreten der Gruppe oder vor dem Essen die Hände zu waschen, sich beim Verlassen des Raumes abzumelden etc.

Gruppendynamik

Die Phase, in der sich die Gruppe zu einem bestimmten Zeitabschnitt befindet, kann von Bedeutung sein, um z. B. bestimmte pädagogische Methoden und Vorgehensweisen zu begründen. Unter diesem Punkt können auch Aussagen zusammengefasst werden, die die Beschreibungen des Gruppenklimas, die Atmosphäre in der Gruppe und deren Veränderung oder den Gruppenzusammenhalt betreffen.

Beziehungsstrukturen in der Gruppe

Rollenverteilungen in der Gruppe sind nicht nur für die Gruppenleitung interessant. Mithilfe der Verfahren der Soziometrie lassen sich im Bericht Beziehungsstrukturen etwas genauer erheben und darstellen. Festgehalten werden Beobachtungs- oder Befragungsergebnisse z. B. zu Kontakten, Spielpartnerschaften oder auch zur Häufigkeit der Nutzung bestimmter Spielbereiche in einer *Soziomatrix*, d. h. in Tabellenform. Die Darstellung der Gruppenstruktur und des Beziehungsgefüges erfolgt dann in grafischer Form mithilfe eines Soziogramms. Auf diese Weise lässt sich die Stellung eines Kindes innerhalb der Gruppe beschreiben oder Paar- und Kleingruppenbildungen können fachlich begründet sichtbar gemacht werden.

Das *Beziehungs- oder Kontaktgefüge* einer Gruppe lässt sich auch durch eine vereinfachte Form der Darstellung beschreiben. Hilfreich sind vorgefertigte Formblätter, die Sie in Abhängigkeit zu Ihrem Beobachtungsziel selbst gestalten. Eine Anregung zur Herstellung einer eigenen Vorlage finden Sie im > Baustein K: Das Beziehungs- und Kontaktgefüge einer Gruppe darstellen.

> Baustein K

Beispiel: Kontaktgefüge in der Bauecke

Zeit der Erhebung:

Datum *6. Februar 20xx*, Uhrzeit von – bis *9:45 – 10:15 Uhr*

Beobachtungsziel: *Feststellen, wer zu wem Kontakt hat*

Ort: Bauecke

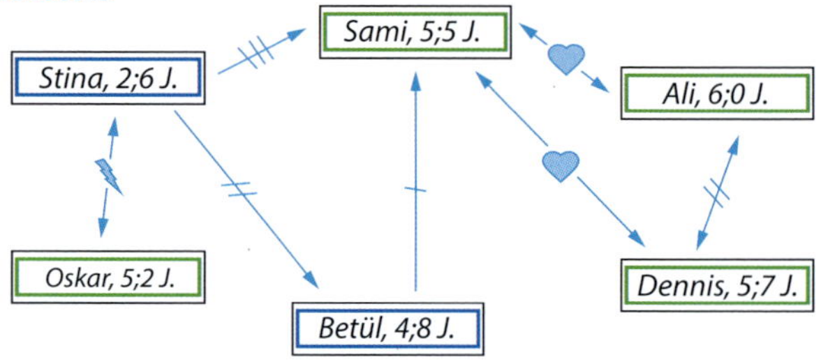

LEGENDE

Kontaktversuch zu:
Wechselseitiger Kontakt:
Sind während gesamten Dauer in Kontakt:
Anzahl der Kontaktaufnahmen:
Konflikt zwischen:

Jungen: grüner Rahmen
Mädchen: blauer Rahmen

Hinweis: Die Kontaktintensitäten können durch unterschiedlich dicke Pfeilspitzen, sporadische, kurze Kontakte können durch eine gestrichelte Linie dargestellt werden (vgl. Paulussen 2021).

Abb. 5.4 Beziehungsstrukturen darstellen

Durch diese Methode lassen sich ohne viel Aufwand kurzfristig geltende Aussagen über Kontakte und das Beziehungsgefüge innerhalb einer Gruppe in einer bestimmten Situation treffen. In diesem Beispiel:

- Im engen Kontakt während der gesamten Beobachtungszeit steht Sami mit Ali und Dennis. In dieser Dreierkonstellation kommt es zweimal zur Kontaktunterbrechung zwischen Ali und Dennis.
- Stina und Oskar haben einen Konflikt.
- Stina versucht dreimal, Kontakt zu Sami, und zweimal zu Betül aufzunehmen, ohne dass dieser erwidert wird.
- Betül nimmt Kontakt zu Dennis auf, ohne dass dieser erwidert wird.

Es lohnt sich, solche Momentaufnahmen häufiger erfolgen zu lassen. Sollten sich weiter ähnliche Ergebnisse ergeben, lassen sich daraus weitere Beobachtungsthemen ableiten:

- Stina findet keinen Anschluss in der Gruppe. Dies ist zu überprüfen. Zudem nimmt sie nur Kontakt zu Mädchen auf bzw. mit Oskar streitet sie. Hat sie Schwierigkeiten in der Interaktion mit Jungen?

- Sami wird häufig kontaktiert, scheint sich jedoch nur auf bestimmte Kinder zu konzentrieren. Hier lohnt es sich, genauer hinzusehen, um herauszufinden, ob Sami besondere Fähigkeiten im sozialen Miteinander hat und ob er diese weiter ausbaut, indem er sich auch für die anderen öffnet.

5.4 Von der Beschreibung zur Analyse und Bewertung der vorgefundenen Situationen

Ihre Wahrnehmungen und Beobachtungen zu Kindern und der Gruppe sollten in der Praxis Ausgangspunkt für eine genauere Analyse sein. Die Analyse ist die Basis für weiteres pädagogisches Handeln. Sie interpretieren Ihre Beobachtungen sowie gesammelten Daten/Informationen und leiten daraus Ihr Vorgehen ab.

> Baustein L: Orientierungshilfen zur Analyse und Bewertung von Beobachtungen

Wie schätze ich das Wahrgenommene ein? Auf Grundlage der Analyse und Bewertung der vorgefundenen Situation werden pädagogische Ziele bestimmt und die nächsten Schritte geplant.

Möglicherweise ergeben sich Ideen für bestimmte Themen oder Methoden im Rahmen der Bildungsarbeit (> Kap. 6). Erzählen Kinder z. B. vom Zuckerfest zu Hause und tauschen sich aus zu verschiedenen Speisen, während andere sich interessiert davon erzählen lassen, was das ist, können Sie Eltern einladen, die den Kindern erzählen und mit ihnen kochen.

> Baustein L
> Kap. 6

Im Rahmen der Darstellung Ihrer pädagogischen Handlungsmöglichkeiten lassen sich unterschiedliche Schwerpunkte setzen. Möglich ist die Förderung eines einzelnen Kindes, die Veränderung der Arbeit mit der Gruppe oder auch das Arrangement von Bildungsangeboten für eine Gruppe.

Weitere Handlungsmöglichkeiten sind:

- (Um-)Gestaltung der Räumlichkeiten
- Bereitstellung/Veränderung des Material-/Spielangebots
- Vorbereitung oder aktives Führen von Elterngesprächen
- Veränderung/Einführung von Regeln
- Erschließung oder Reaktivierung von Ressourcen

Checkliste Beschreibung Kind und Gruppe

Beschreibung eines Kindes/gezielte Beobachtung/ Gruppenbeschreibung	Bemerkungen	✓
Gibt es ein Kind, welches ich im Bericht näher vorstellen möchte?		
Habe ich begründet, warum dieses Kind ausgewählt wurde?		
Welche Beobachtungsinstrumente und Dokumentationsverfahren werden in der Einrichtung genutzt?		
Möchte ich Portfolioarbeit in meinem Bericht darstellen?		
Habe ich die Vorgaben zum Datenschutz bei der Dokumentation der Beobachtung beachtet?		
Gibt es Aspekte der Kita-Gruppe, die ich im Bericht darstellen möchte?		

Baustein J: Vorlage zur Protokollierung einer offenen Beobachtung

Beobachtungsprotokoll	
Name des Kindes: Alter:	Beobachtungsdatum: Beobachtungszeit: _______________ Uhr Protokollant/-in:
Anlass der Beobachtung:	Ort der Beobachtung:
Aktuelle Besonderheiten:	Beobachtungssituation: Ziel der Beobachtung:

Uhrzeit	Beschreibung	Deutung

Baustein K: Das Beziehungs- und Kontaktgefüge einer Gruppe darstellen

Kontaktgefüge in einer bestimmten Situation oder in einem Spielbereich

Zeit der Erhebung:

Datum ______________________, Uhrzeit von – bis __________________________

Beobachtungsziel: ____

Ort:

LEGENDE

Kontaktversuch zu: →
Wechselseitiger Kontakt: ↔
Sind während gesamter Dauer in Kontakt: ♥
Anzahl der Kontaktaufnahmen: \
Konflikt zwischen: ⚡

Jungen: grüner Rahmen
Mädchen: blauer Rahmen

Baustein L: Orientierungshilfen zur Analyse und Bewertung von Beobachtungen

Analyse der Beobachtung(en) von … bis …
Verwendetes Beobachtungsinstrument:
Erstellt durch: ….

Unter Berücksichtigung des Beobachtungsanlasses und des Beobachtungszieles können Sie sich bei einer weitergehenden Analyse der Situation an folgenden **Fragestellungen** orientieren: [Treffen Sie eine für Sie geeignete Auswahl.]

Zum Kind

- In welchen Bereichen lassen sich besondere Kompetenzen/Stärken des Kindes erkennen?
- Welche Ressourcen können ausgebaut/reaktiviert werden?
- Welche Interessen, Bedürfnisse lassen sich ableiten?
- Womit beschäftigt sich das Kind besonders gern? Wo zeigen sich Motivation und Engagiertheit?
- Welche Bildungsprozesse sollten aufgegriffen werden?
- Welche über die Beobachtung hinaus gehenden Informationen helfen, die Situation des Kindes besser zu verstehen? (z. B. Entwicklungsstand, Lebensumstände, familiäre/biografische Hintergründe, gesundheitliche Aspekte, besondere Vorerfahrungen)

Zur Gruppe

- Welche Themen sind in der Gruppe aktuell in den Gesprächen beobachtbar?
- Welche Themen lassen sich durch die Beobachtung von Spielsituationen, Spiel- und Materialauswahl der Kinder, wiederkehrende Konfliktsituationen feststellen?
- Auf welche Bildungsbereiche lassen sich diese Themen fokussieren?
- Wie lässt sich aktuell die Dynamik der Gruppe/die Rollenverteilung/die Atmosphäre in der Gruppe interpretieren?

Zur Situation/zur Umgebung

- Welche Gegebenheiten in der Umgebung nehmen Einfluss auf das Geschehen/Verhalten?
- Wo und womit spielen die Kinder bevorzugt?
- Welche institutionellen und personellen Ressourcen und Rahmenbedingungen sind vorhanden, die für die weitere Planung relevant sind? (z. B. Räume und ihre Ausstattung, Finanzmittel, zur Verfügung stehendes Personal, Eltern als Experten)
- Wie kann der Sozialraum eingebunden werden?
- Welche Partizipationsmöglichkeiten gibt es?

6 Lernarrangements planen und reflektieren

Abb. 6.1 Planen

In den vorherigen Kapiteln wurde sichtbar, wie komplex die Tätigkeit einer Kita-Fachkraft ist. Die Darstellung und Auseinandersetzung mit den vielgestaltigen Aufgaben sollte eigentlich genügend Stoff für einen Praktikumsbericht bieten, dennoch muss von vielen von Ihnen ein weiteres Thema abgehandelt werden: die Planung, Umsetzung und Reflexion von Bildungsangeboten für die Kinder. Die Vorbereitung auf didaktisch-methodisch geplante *Arrangements mit besonderen Lernmöglichkeiten* ist Bestandteil vieler Ausbildungsgänge zur pädagogischen Fachkraft. Die Fähigkeit, solche Arrangements kindgemäß zu gestalten, gilt als unverzichtbarer Teil der Berufsrolle.

Kompetenzraster			
Handlungsebene	Die Praktikantin/der Praktikant unterstützt und ermöglicht durch arrangierte Situationen Bildungs- und Lernprozesse bei Kindern und begleitet diese aktiv.		
Sachkompetenz		**Personale Kompetenz**	
Ich kann …			
Wissen	**Fertigkeiten**	**Sozialkompetenz**	**Selbstkompetenz**
…ein Bild vom Kind vor dem Hintergrund rechtlicher und konzeptioneller Vorgaben erläutern. … Bildungsthemen der Kinder beschreiben. … didaktisch-methodische Modelle und Konzepte zur Gestaltung von Lernerfahrungen in der Frühen Bildung wiedergeben. … didaktische Prinzipien der Bildungsarbeit in Kitas benennen. … Inhalte der Bildungsleitlinien für die Kitas meines Bundeslandes wiedergeben. … unterschiedliche Bildungsbereiche und Querschnittsdimensionen benennen.	… Situationen für Bildungs- und Lernerfahrungen der Kinder vorbereiten. … die Bedürfnisse der Kinder nach Autonomie, Einbindung und Kompetenzerfahrung wahrnehmen und bei der Planung berücksichtigen. … Arrangements für Kinder unter Berücksichtigung von Spielinteressen und Entwicklungsstand der Kinder vorplanen. … rechtzeitig und sorgfältig die Umgebung für arrangierte Lernerfahrungen gestalten und notwendige Materialien bereitstellen. … das Lernen der Kinder durch didaktisch-methodische Prinzipien unterstützen, z. B. durch das Vorgehen in Teilschritten oder durch das Ermöglichen ganzheitlicher Erfahrungen. … mögliche Interaktionen bei der Durchführung eines Arrangements gedanklich vorwegnehmen und vorplanen. … bei der Realisierung von Bildungsangeboten ein breites Methodenspektrum anwenden und unterschiedliche Bildungsbereiche einbeziehen. … Partizipationsmöglichkeiten zur Beteiligung der Kinder bei der Gestaltung von Bildungsprozessen anbieten. … situationsangemessen Querschnittsdimensionen wie Inklusionsorientierung berücksichtigen. … Bildungserfahrungen der Kinder dokumentieren.	… bei der Vorbereitung und Durchführung von material- oder personengebundenen Lernarrangements der Fachkräfte helfen. … bewusst Situationen wahrnehmen, in denen sich Möglichkeiten für intensive Interaktionsphasen und neue Bildungserfahrungen ergeben. … die Eigeninitiative von Kindern unterstützen und deren Mitwirkung bei der Gestaltung von Bildungssituationen anregen. … mein methodisch-didaktisches Vorgehen gegenüber Anleitung/Team transparent machen. … mich für ein eigenes Projekt einsetzen. … im Team auf ein gemeinsames Ziel hinarbeiten und die eigenen Ressourcen/Fähigkeiten konstruktiv einbringen. … den Kindern bei Vorhaben und Projekten interessiert und motivierend gegenübertreten.	… auf der Basis von Beobachtungen Ideen oder Vorschläge für Lernarrangements selbstbewusst einbringen. … mich bei der Durchführung von Projekten bewusst zurücknehmen und Ideen der Kinder Raum geben. … eigene Stärken und besondere Fähigkeiten nutzen und in die Arbeit einbringen. … Vorbereitung, Planung und Durchführung von Lernarrangements in allen Bildungsbereichen unter Berücksichtigung fachlicher Kriterien reflektieren. … Alternativvorschläge zum möglichen Vorgehen in der Praxis selbstkritisch vorstellen. … andere Sichtweisen bei der Bewertung der didaktischen Vorplanung und des methodischen Vorgehens respektieren.

Darüber, was Bildung in der Kindertagesbetreuung bedeutet, findet aktuell ein lebendiger, wissenschaftlicher Diskurs statt (vgl. Boll 2016, S. 48-70, Sturzbecher 2018, S. 14-19). Auf die Frage, wie die *Entwicklung* in der frühen Kindheit am besten begleitet und unterstützt werden kann, gibt es keine einfachen Antworten. *Frühkindliche Bildung* umfasst Aspekte der Persönlichkeitsbildung der Kinder (Personalisation) sowie die Vermittlung gesamtgesellschaftlich bedeutsamer Werte, Normen (Sozialisation).

Bildungsarbeit in der Kita findet in der Praxis in einem besonderen Spannungsfeld statt, das sich aus unterschiedlichen Ansprüchen an das pädagogische Handeln der Fachkräfte ergibt. Es geht auf der einen Seite darum, die Freiräume, das freie Spiel und die natürliche Entwicklung der Kinder abzusichern. Auf der anderen Seite sollen die Kinder aber auch bereits erste Erfahrungen mit tradierten und kulturell geprägten Inhalten machen. Allerdings gibt es für die Kitas keinen festen Lehrplan wie in der Schule, die Themen und Inhalte sind freier gestaltbar. In Ihrem Praktikum werden Sie daher in der Regel die Erfahrung machen, dass Sie selbst Vorschläge zu Themen oder methodischen Schwerpunkten machen können. Im Bericht können Sie dann Ihre Themenauswahl begründen, Vorgehensweisen beschreiben und reflektieren. Die praktische Bildungsarbeit in der Kita erfordert eine Auseinandersetzung mit ganz eigenen didaktisch-methodischen Fragen – daher ist es notwendig, dass Sie sich etwas genauer mit kindgemäßen Vorgehensweisen beschäftigen, wie sie u.a. im Rahmen einer noch im Entstehen begriffenen *„Elementardidaktik"* beschrieben werden.

Elementardidaktik: Sie befasst sich mit der Gestaltung und Organisation von Lernprozessen in der frühen Kindheit.

6.1 Didaktisches Vorgehen in der Praxis

Bei der Gestaltung von Bildungs- und Lernangeboten können Sie auf eine Reihe bestehender didaktischer Konzepte (Schelle 2023, S. 47-64) zurückgreifen, von denen Sie einige möglicherweise in Ihrer theoretischen Ausbildung kennengelernt haben. Die in der Praxis relevanten Modelle verdeutlichen die Elemente, die für die Bildungsarbeit im Kindergarten von Bedeutung sind.

Das Wissen um kindgemäße Vorgehensweisen wird nicht nur durch die Theorie, sondern vor allem auch von Generationen von „Kindergärtnerinnen" (und später von Erzieherinnen und Erziehern) an Praktikantinnen und Praktikanten weitergegeben. Dies bestimmt bis heute die Erwartungshaltung, wie Sie als Praktikant/Praktikantin Bildungssituationen in der Praxis konkret gestalten sollten.

Gefordert von Praxis und Theorie (vgl. Drieschner 2010, S. 216) werden *spielerische Vorgehensweisen* bei der Bildungsbegleitung und bei der Organisation von Bildungsprozessen. Zusätzlich muss im Rahmen didaktischer Überlegungen besonders darüber nachgedacht werden, wie eine gelenkte Anregung der Selbsttätigkeit des Kindes praktisch aussehen kann. Sie benötigen daher in der Praxis bestimmte, kindgemäße Methoden. Dies schließt aus didaktischer Perspektive die Wahl von Medien, Materialien und die soziale Organisation von Lehr- und Lernprozessen ein (vgl. Kron u.a. 2014, S. 38).

Besonders hilfreich für Ihre Praxis sind konkrete Beispiele für kindgemäße Vorgehensweisen und Methoden.

Sammeln Sie diese Beispiele, um Sie in Ihrem Praktikum an passender Stelle und in Absprache mit der Praxisanleitung auszuprobieren und im Bericht darzustellen.

Für didaktisch-methodisch ausgerichtete Aktivitäten mit den Kindern wurde in diesem Buch der Begriff „Lernarrangement" gewählt. Bunte Lernarrangements lassen sich deutlich vom Unterricht abgrenzen und sind besonders durch *indirekte Lernformen* und Eigenverantwortung der Lernenden gekennzeichnet (vgl. Meyer und Meyer 2013, S. 35). Die in vielen Praktika vorgegebene beispielhafte Planung und Durchführung von Lernarrangements bietet Praktikanten/-innen die

Möglichkeit, professionelle Vorgehensweisen einzuüben, das Handeln zu begründen und die eigene pädagogische Haltung zu überprüfen.

Eine deutliche frühpädagogische Gewichtung erhält die Gestaltung von Lernarrangements durch die Ausrichtung an spezifischen *didaktischen Prinzipien* (vgl. Neuß/Westerholt 2010, S. 214-219; auch Bäck/Hajszan 2008, S. 11-24). Die Prinzipien, die Sie in der Ausbildung oder im Studium kennengelernt haben, begründen oder legitimieren ein kindgemäßes, elementardidaktisch ausgerichtetes Vorgehen.

Verdeutlichen Sie im Bericht bei der Planung von Lernarrangements „didaktische Prinzipien" wie Offenheit, Selbsttätigkeit, Ganzheitlichkeit, Lebensnähe oder Individualisierung.

Didaktisch begründetes Handeln geht über die reine Beobachtung und Dokumentation von Bildungsprozessen hinaus. Es drückt sich aus in der bewussten Wahrnehmung und Steuerung der Interaktionen in sich zufällig entwickelnden, besonders aber auch in arrangierten Situationen.

In der Praxis zeigt sich didaktisches Können vor allem darin, dass

- die Fachkraft offen und sensibel für Inhalte der Kinder ist,
- bewusst Entscheidungen für ein der Situation adäquates Vorgehen trifft,
- sich flexibel in der methodischen Umsetzung zeigt.

Möglicherweise haben Sie als Praktikantin bereits Aufgaben im Freispiel übernommen oder auch ein Arrangement mit besonderen Lernmöglichkeiten vorbereitet. Eventuell haben Sie aus bereitgestellten Materialien etwas mit den Kindern gestaltet oder Sie haben eine Bilderbuchbetrachtung mit anschließendem Gespräch in der Kleingruppe durchgeführt. Vielleicht haben Sie dabei die Erfahrung gemacht, dass Ihr Arrangement den Kindern einerseits genügend Freiraum geben muss, es deshalb nicht zu „schulisch" im Sinne einer zu starken Einengung von Entfaltungsmöglichkeiten angelegt sein sollte – es andererseits nicht zu willkürlich oder gar ziellos ausgerichtet sein darf. Woran kann man sich als Praktikantin oder Praktikant also orientieren und was sollte bei den Vorüberlegungen zu einem Lernarrangement besonders beachtet werden?

6.1.1 Freispiel und Lernarrangements

Grundsätzlich kann der gesamte Alltag der Kita aus didaktischer Perspektive betrachtet werden, d.h., jeder Tagesabschnitt kann als lern- und bildungsrelevante Zeit erkannt und genutzt werden. Auch Situationen, in denen die Fachkraft augenscheinlich nichts tut, beruhen häufig auf didaktischen Überlegungen. So impliziert die Gestaltung der Umgebung Intentionen und die Fachkraft setzt durch die Auswahl von Materialien bestimmte Schwerpunkte. Vielleicht arbeiten Sie als Praktikant/-in in einer Einrichtung, in der es in erster Linie um die Organisation der Rahmenbedingungen für das Freispiel geht. Die Fachkräfte kümmern sich in der Praxis hauptsächlich um die Gestaltung der Räume und der Umgebung – die Kinder haben Zugriff auf unterschiedliche Spiel-, Naturmaterialien oder Medien, der didaktisch-methodische Schwerpunkt liegt auf der Gestaltung von **materialgebundenen Lernarrangements**. Gelenkte Interaktionsphasen finden eher spontan oder in Reaktion auf besondere Spielsituationen statt.

Stellen Sie Unterschiede in der Vorgehensweise in Ihrem Bericht heraus. Welche Vorgehensweise sagt Ihnen am meisten zu?

Aus den Beobachtungen im Freispiel können sich im Praktikum Ideen für zusätzliche, bewusst gesetzte Impulse oder auch zeitlich klar begrenzte Lernarrangements ergeben, die Sie durchführen könnten. Im Idealfall gehen sie aus dem Spiel der Kinder hervor und wirken wieder darauf zurück, es kommt zu einem Wechselspiel zwischen freien und geführten Elementen (vgl. Kasüschke 2016, S. 101). Die Teilnahme der Kinder an einem geplanten Arrangement erfolgt freiwillig. Die Entscheidung eines Kindes für die Teilnahme sollte dennoch eine gewisse Verbindlichkeit haben, damit die Gruppe in einem bestimmten Zeitrahmen stabil bleibt. Für die Vorbereitung auf die künftige Berufsrolle haben Arrangements, in denen die Interaktion mit den Kindern bewusst eingeübt werden kann, eine wichtige Funktion.

6.1.2 Kompetenzentwicklung durch Dialog

Besondere Freude bereitet im Praktikum der direkte Kontakt zu den Kindern, das gemeinsame Spiel, die kurzen Gespräche zwischendurch. Darauf können Sie auch bei der Planung von **personengebundenen Lernarrangements** bauen. Aus sozialkonstruktivistischer Sicht sind gerade die sich dialogisch entwickelnden Interaktionsprozesse zwischen Kindern und Fachkraft die wesentliche Grundlage für Bildungsprozesse (vgl. König 2010, S. 47-75). Die Gestaltung *intensiver Interaktionsphasen* unterstützt in besonderer Weise die Entwicklung kindlicher Kompetenzen. Dies geschieht durch die sich im Dialog entwickelnden Konstruktionsprozesse und wechselseitigen Anregungen zwischen Fachkraft und Kind/Kindern.

Intensive Auseinandersetzungen zwischen Fachkraft und Kind über einen gemeinsamen Gegenstand erfordern Zeit und gemeinsames Nachdenken. Sprachliche Impulse sollten sich daher nicht darin erschöpfen, lediglich eine kurze Spielanregung zu geben (vgl. Schelle 2011, S. 15).

Das Ausmaß und die Kultivierung intensiver Interaktionen können in der Praxis von Einrichtung zu Einrichtung sehr unterschiedlich sein. Vielleicht arbeiten Sie in einer Einrichtung, in der geplante Aktivitäten mit intensiven Interaktionsphasen zu unterschiedlichen Themen alltäglich sind, vielleicht handelt es sich auch um eine Einrichtung, in der diese bei wenigen Gelegenheiten eingesetzt werden. Dialogisch ausgerichtete Vorgehensweisen sind eng verknüpft mit Partizipationsmöglichkeiten, die die Fachkräfte den Kindern anbieten. In einigen Einrichtungen finden z.B. Kinderkonferenzen statt, in denen gemeinsam über mögliche Spielideen und Projekte gesprochen wird.

6.2 Die Planung von Lernarrangements in der Kita

Die bisher bestehenden elementardidaktischen Konzepte bieten Ihnen keine vorgefertigten Rezepte für das richtige Vorgehen in der Praxis. Daher bleibt Ihnen bei der Planung von Aktivitäten nur eine Lösung: Sie müssen selbst zur Didaktikerin/zum Didaktiker werden, indem Sie Ihr Vorgehen fachlich begründen und Ihre didaktisch-methodischen Kompetenzen im Bericht verdeutlichen.

Ein gründliche Vorbereitung und eine schriftliche Planung sind die Basis für die Entwicklung didaktischer Kompetenzen.

In den meisten Fällen werden Sie in der Kita eine Spiel- und Lernumgebung vorfinden, die von den Fachkräften und vielleicht auch von den Kindern selbst über einen längeren Zeitraum gestaltet wurde. Im Laufe Ihres Praktikums entstehen eventuell eigene Ideen, durch welche zusätzlichen Materialien oder Medien weitere Impulse gesetzt werden könnten. Die Gestaltung von Arrangements, die weitgehend ohne eine aktive Begleitung der Fachkraft funktionieren, gehört zu den anspruchsvollsten Herausforderungen in der Praxis. Als Praktikant/Praktikantin können Sie Ideen einbringen, indem Sie z.B. einen kleineren Bereich im Innenraum oder auf dem Außengelände gestalten, der die Kinder zum Experimentieren herausfordert oder sie ein interessantes Thema entdecken lässt.

Abwarten und Nicht-Handeln kann in vielen Situationen sinnvoller sein, als Impulse zu setzen und die Kinder aktiv zum Handeln anzuregen.

Die Begleitung von Kindern in spielerisch angelegten Situationen setzt eine genaue Situationsanalyse voraus und kann darauf aufbauend zu Arrangements mit bestimmten Zielen und Vorgehensweisen führen. Einzelne **personengebundene Arrangements** sollten nur kurze Zeitabschnitte (ca. 20-30 Minuten) umfassen. Die Rückmeldungen zu Planung und Durchführung durch Anleiter/-innen bilden eine wesentliche Voraussetzung für die Entwicklung und Entfaltung der eigenen didaktisch-methodischen Fähigkeiten.

Vertrauen Sie auf das didaktische Wissen und Können Ihrer Praxisanleitung.

Wie nun lässt sich didaktisches Handeln im Bericht angemessen darstellen? Zur erfolgreichen Durchführung eines personengebundene Lernarrangements benötigen Sie einen Plan. Welche Punkte sind dabei zu beachten sind, zeigt Ihnen der > Baustein M: Planung eines Lernarrangements.

> Baustein M

6.2.1 Planungsstruktur

Das folgende Modell bietet Ihnen eine Übersicht über die *Strukturelemente,* die das didaktische Handeln bestimmen. Das Schaubild zeigt die Punkte auf, die Sie bei der Vorbereitung eines Lernarrangements berücksichtigen sollten. Die einzelnen Elemente ermöglichen es Ihnen, bewusst didaktisch-methodische Entscheidungen zu treffen. Das Modell ist offen angelegt und gibt keine bestimmten Methoden vor. Bei einer schriftlichen Planung müssen nicht alle Punkte berücksichtigt werden, Sie setzen selbst die Schwerpunkte.

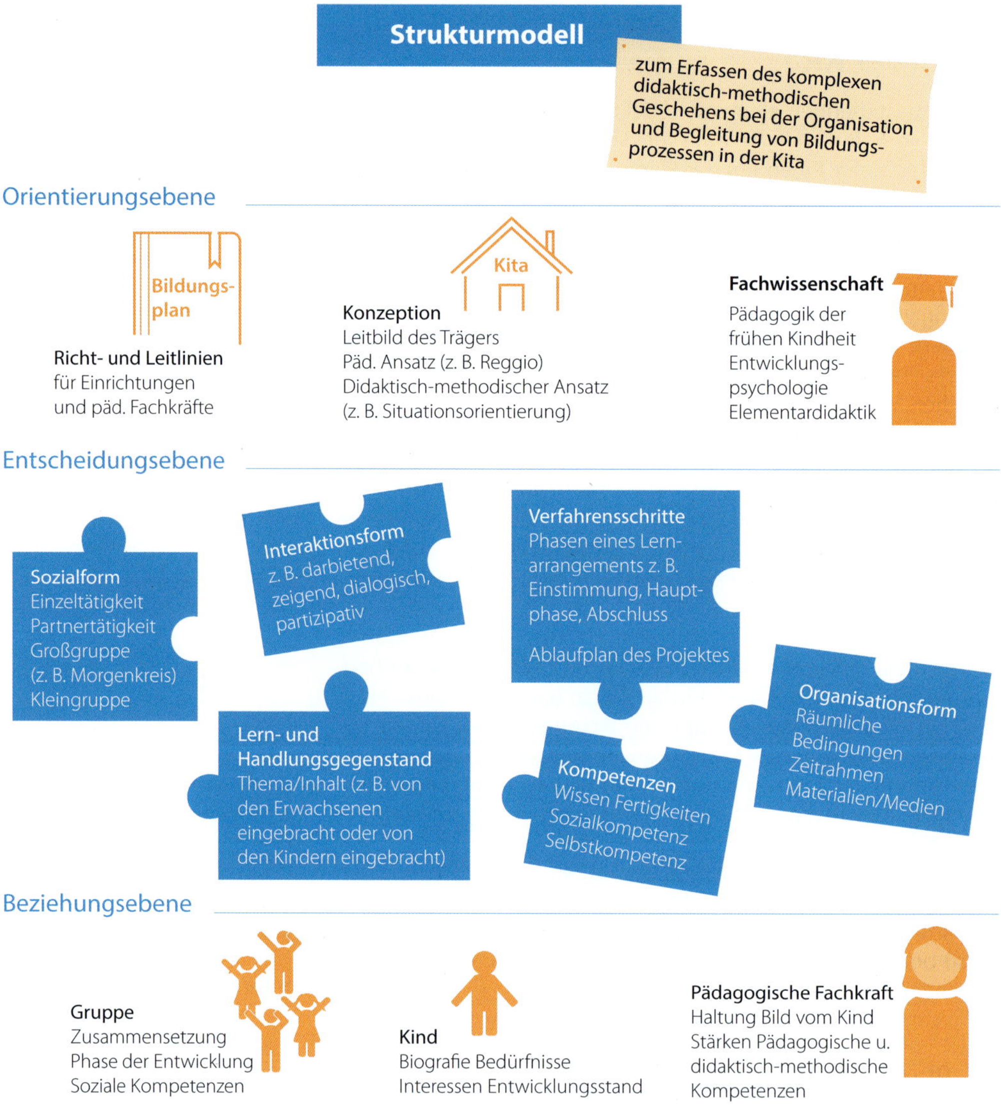

Abb. 6.2 Strukturmodell zur Analyse didaktischen Handelns im Elementarbereich

In dem Modell zur didaktischen Analyse Ihres Handelns (vgl. Ellermann 2021, S. 29, 30) wird zwischen drei Ebenen unterschieden:

- Die *Orientierungsebene* macht die Rahmenbedingungen der Arbeit bewusst, die das didaktisch-methodische Handeln beeinflussen.
- Die *Beziehungsebene* bildet die Basis: Das einzelne Kind, die Gruppe und die Fachkraft selbst sind die zentralen Akteure im didaktischen Geschehen und müssen im Rahmen einer didaktischen Analyse genauer in den Blick genommen werden.
- Auf der der *Entscheidungsebene*, der mittleren Ebene der Abbildung, finden sich die Elemente, die Sie als Praktikant/-in bei der

Gestaltung eines Arrangements direkt beeinflussen und damit vorplanen können. Alle genannten Faktoren greifen im Idealfall wie Teile eines Puzzles ineinander.

Die Orientierungsebene

Die Einrichtung

In der Mitte der Orientierungsebene steht die *Einrichtung*: Ergeben sich aus der *Konzeption* oder der Ausrichtung des *Trägers* (> Kap. 4) Konsequenzen für Ihre Ideen, wie Sie den Kindern im Rahmen eines Lernarrangements Bildungserfahrungen ermöglichen möchten?

> Kap. 4

Die Fachwissenschaft

Versuchen Sie, in Ihrem Bericht einen Zusammenhang zwischen Ihrem alltäglichen Handeln und aktuellen *wissenschaftlichen Beiträgen* herzustellen: Gibt es Modelle aus der Theorie, die Sie am Lernort Schule/Hochschule kennengelernt haben, die für Ihre Planungen und Vorgehensweisen relevant sind? Möchten Sie Kinder in Ihrer Gruppe erste Erfahrungen mit Schrift ermöglichen, halten Sie z.B. in Fachzeitschriften und Fachforen nach Beiträgen zum Thema „Literacy" Ausschau.

Richt- und Leitlinien

Sie können z.B. allgemein Bezug nehmen auf den Auftrag von Tageseinrichtungen für Kinder, wie er auf Bundesebene in § 1 Abs. 2 SGB VIII beschrieben wird. Die Förderung des Kindes zu einer *eigenverantwortlichen* und *gemeinschaftsfähigen Persönlichkeit* erfordert bei der konkreten Planung von Lernarrangements, dass durch die gewählten Methoden die Selbstbestimmung des einzelnen Kindes geachtet und unterstützt wird und gleichzeitig die zwischen den teilnehmenden Kindern der Gruppe stattfindenden Prozesse bewusst begleitet werden.

Zur Begründung Ihres Vorgehens lassen sich die Bildungsleitlinien Ihres Bundeslandes (Bildungspläne, Bildungsempfehlungen und Bildungsrahmenpläne) heranziehen: Welchen Bezug hat das geplante Lernarrangement zu den in den Richtlinien genannten Bildungsbereichen? Hat Ihr Lernarrangement seinen Schwerpunkt eher im Bereich Sprache, Schrift und Kommunikation, im Bildungsbereich Mathematik, Naturwissenschaft und Technik oder in der musisch-ästhetischen Bildung? Werden bei einer Folge von Lernarrangements unterschiedliche Bildungsbereiche angesprochen?

Die Beziehungsebene

Kind

Es klingt selbstverständlich, dennoch sollten Sie es sich im Rahmen didaktischer Überlegungen erneut bewusst machen: Die Basis Ihrer Arbeit ist die Beziehung zum einzelnen Kind. Vor dem Hintergrund der bisherigen Begegnungen zwischen Ihnen und einzelnen Kindern treffen Sie Ihre Entscheidungen. Auf diese Weise können Sie methodische Impulse setzen und Anregungen geben, durch die das Kind sich in zunehmendem Maße den anderen und der Kita-Welt gegenüber öffnen kann. Jedes Kind, das an einem geplanten Lernarrangement

> Kap. 5

teilnimmt, sollte bewusst wahrgenommen werden (> Kap. 5). Das pädagogische Handeln ist auf die Besonderheiten jedes einzelnen Kindes und seinen Entwicklungsstand auszurichten.

Pädagogische Fachkraft (Praktikant/-in)
Der Aufbau von Beziehungen zu den Kindern braucht Zeit und setzt ein feinfühliges und empathisches Verhalten voraus. Bei der Planung eines Lernarrangements sollten Sie Ihre eigenen Möglichkeiten und Grenzen im Blick haben und kritisch reflektieren, wo Sie stehen, was Sie sich in der jeweiligen Phase des Praktikums zutrauen und ausprobieren möchten. Haben Sie Kompetenzen formuliert, die Sie im Rahmen Ihres Praktikums noch weiterentwickeln möchten (> Kap. 3.2), können Sie prüfen, inwieweit Sie bei der Planung und Durchführung des Vorhabens Ihre eigene Kompetenzentwicklung voranbringen.

> Kap. 3.2

Im Rahmen eines Praktikums sollten Aktivitäten mit der Gesamt- oder Großgruppe eine Ausnahme darstellen.

Gruppe
Bei der Durchführung von Lernarrangements beziehen Sie sich auf die Kindergartengruppe, der Sie für die Dauer Ihres Praktikums zugeordnet sind. Die Beschreibung der Gruppe ist daher ein bedeutsames Element der Planung.

Die Entscheidungsebene

Lern- und Handlungsgegenstand
Soll didaktisches Handeln legitimierbar sein, ist eine Auseinandersetzung von Fachkraft bzw. Praktikant/-in mit Themen bzw. Handlungsgegenständen notwendig. Die gemeinsame Ausrichtung von einzelnem Kind, Gruppe und Fachkraft auf einen Handlungsgegenstand oder Inhalt gewinnt dann eine didaktische Qualität, wenn die Interaktion bewusst gestaltet wird. Der Gegenstand oder Inhalt wird für die Kinder zu etwas Besonderem, er weckt ihr Interesse und fordert ihre Kompetenzen heraus – er bekommt aus bildungstheoretischer Perspektive einen „Bildungsgehalt" (Klafki 1964, S. 72). Die geteilte Aufmerksamkeit ist die Grundlage für zielgerichtete Interaktionen.

Die Beziehung zwischen Kind, Gegenstand und Fachkraft wird in der Fachliteratur auch als „didaktisches Dreieck" dargestellt:

Abb. 6.3 Das didaktische Dreieck (König 2010, S. 55)

Handlungsgegenstände oder Inhalte können als „Themen der Kinder" (Laewen 2013, S. 99) von den Kindern eingebracht werden oder aus *Beobachtungen* oder *Situationsanalysen* hervorgehen (> Kap. 5), sie können aber auch von den Erwachsenen „zugemutet“ (Laewen 2013, S. 100) werden, weil sie als relevant für das Hineinwachsen in Kultur erachtet werden und im Rahmen didaktischer Planung zur Enkulturations- oder Sozialisationshilfe werden.

> Kap. 5

Auch wenn es einfacher ist, den Kindern Inhalte vorzugeben, als Themen aufzugreifen, die auf beobachteten Situationen und deren Analyse beruhen, sollten Sie im Praktikum versuchen, ihre Inhalte möglichst „nah“ an den (beobachteten) Interessen von Kindern auszurichten.

Bei einem projektorientierten Vorgehen müssen die Kinder an der Auswahl und Gestaltung der Themen beteiligt werden.

Mit zunehmender Erfahrung wird es Ihnen immer besser gelingen, die passenden Inhalte und Themen zu finden. Die gefundenen Themen sollten in Absprache mit den Fachkräften genauer eingegrenzt und didaktisch reduziert werden. D.h. die Teilinhalte müssen so aufbereitet und eingegrenzt werden, dass sie für die Kinder überschaubar und verständlich sind.

Kompetenzen der Kinder

Anknüpfend an Beobachtung einzelner Kinder sollten Sie bei der Planung eines Lernarrangements ausdrücken, wie Wissen, Fertigkeiten, Sozial- und Selbstkompetenz der Kinder bei der Teilnahme an dem Lernarrangement sichtbar werden. Kompetenzen sind vom Grundgedanken her ganzheitlich. Im Vordergrund steht nicht das Wissen – Kompetenzen beziehen sich auf das Denken, Fühlen und Handeln der Kinder.

Bei der Planung von Lernarrangements sollten Sie unterschiedliche Kompetenzbereiche ansprechen. Eindimensionale Aktivitäten (z.B. nur auf Wissen ausgerichtet) werden auf diese Weise vermieden.

Bei der Formulierung von Kompetenzen werden die Fähigkeiten der Kinder, die in dem Arrangement unterstützt werden, konkret von Ihnen benannt. Inwieweit sich eine Kompetenz bei der Durchführung des Lernarrangements dann tatsächlich in Handlungen und Verhalten ausdrückt, ist jedoch von der realen Situation abhängig. Offenheit für das Erleben der Kinder und Flexibilität beim methodischen Vorgehen müssen gesichert sein.

Beispiel: Kompetenzformulierungen zu einem Lernarrangement im Waldkindergarten

Handlungsebene	Die Kinder suchen in ihrer unmittelbaren Lebensumwelt Wald nach den Spuren des Herbstes.		
Sachkompetenz		Personale Kompetenz	
Die Kinder können …			
Wissen	**Fertigkeiten**	**Sozialkompetenz**	**Selbstkompetenz**
… Färbung und Form von herbstlichen Blättern beschreiben. … gefundene Waldfrüchte und Samen z.B. als Bucheckern, Eicheln, Kastanien oder Hagebutten bezeichnen. … ihre Wahrnehmungen zu Luft und Licht durch Worte wie „neblig“, „kühl“, „bunt“, „strahlend“ sprachlich ausdrücken.	… Blätter den entsprechenden Bäumen zuordnen (Buche, Kastanie, Ahorn). … fallende Blätter und fallende Kastanien durch selbst erfundene Bewegungen darstellen.	… sich gegenseitig auf Wahrnehmungen und Funde aufmerksam machen. … einander bei der Benennung und Beschreibung von Waldfrüchten oder Blättern unterstützen.	… eigene Ideen zur Spurensuche im Herbst entwickeln. … Spielideen mit Laubblättern entwickeln; z.B. Blätter im Wind fallen lassen, sich mit Blättern zudecken lassen. … sich an aufgestellte Regeln halten, wie z.B. keine Funde in den Mund zu nehmen oder Zweige von lebenden Bäumen abzubrechen.

Sollen zusätzlich die in einigen Bildungsplänen aufgeführten *lernmethodischen Kompetenzen* beschrieben werden, könnten diese im genannten Beispiel folgendermaßen ausgedrückt werden:

Die Kinder können ...

- sich erinnern, wie sie bei der Spurensuche vorgegangen sind,
- beschreiben, wie sie herausgefunden haben, welche Blätter zu welchen Bäumen gehören (z.B. Vergleich der Bodenfunde mit den Baumblättern).

Ein weiteres Beispiel zur Kompetenzformulierung nach dem DQR-Schema finden Sie im **Beispiel „Planungsstruktur eines Lernarrangements in der Kita".**

Sozialform

Im Rahmen der Planung eines Lernarrangements müssen auch Vorentscheidungen über die *soziale Organisation* von Lernprozessen oder die Sozialform getroffen werden. Sie legen unter anderem fest, wie sich die teilnehmende Gruppe bilden soll. Im Rahmen des Freispiels könnten Sie z.B. ein Spielangebot machen, an dem sich im Wechsel unterschiedliche Kinder beteiligen.

Unterschiedliche Sozialformen während der Durchführung eines Lernarrangements werden äußerlich an der Gestaltung des Ortes erkennbar, an dem sich die Kinder zu einem bestimmten Zeitpunkt des Arrangements befinden: Zu Beginn bilden die Kinder z.B. einen Stuhlkreis (Großgruppe), aus diesem Stuhlkreis heraus bildet sich ein kleinerer Kreis von Kindern auf Sitzkissen (Kleingruppe), im Verlauf des Arrangements bilden sich Paare von Kindern, die gemeinsam an einem Tisch etwas gestalten (Partnertätigkeit) und dann wieder in den Sitzkreis zurückkehren (Kleingruppe).

Organisationsform

Bei der Bestimmung der Organisationsform konkretisieren Sie Raum, Zeit und Medien/Materialien. Es wird ein Zeitfenster festgelegt, in dem die Durchführung stattfinden kann, und es werden zeitliche Abläufe vorweggenommen, ebenso treffen Sie Entscheidungen darüber, wie der Raum und die direkte Lernumgebung gestaltet werden. Es sollte aufgelistet werden, welches Material oder welche Medien bereitstehen. Die Festlegungen tragen dazu bei, dass Sie das Lernarrangement gut vorbereitet durchführen können.

Interaktionsform

Der wechselseitig aufeinander bezogene Austauschprozess zwischen Praktikant/-in und Kindern wird im planerischen Prozess gedanklich vorweggenommen. Wie werden die Kinder angesprochen, wie soll der Dialog mit den Kindern gestaltet werden?

Ist es zunächst ein Gegenstand oder sind es bestimmte Materialien, auf die sich die gemeinsame Aufmerksamkeit richtet? Braucht es einen sprachlichen Anstoß, um in ein gemeinsames Gespräch zu kommen? Vielleicht ist es notwendig, gemeinsam Regeln zu entwickeln, die beim Umgang mit einem Material gelten sollen.

Lernarrangements sind häufig dialogisch ausgerichtet und es kommt zu einem lebendigen Austausch zwischen Ihnen und den Kindern. Die Interaktionen sollten so geplant werden, dass den Kindern ein hohes Ausmaß an Eigenaktivität und Selbstbestimmung ermöglicht wird.

Verfahrensschritte
Eng verknüpft mit der Interaktionsform ist die vorläufige Festlegung eines schrittweisen methodischen Vorgehens. Häufig folgt die Planung nach dem Dreischritt *Einstieg, Arbeits- und Vertiefungsphase, Abschluss*. Die Festlegung des methodischen Vorgehens dient der eigenen Absicherung und Einübung kindgemäßer Methoden. Bei der konkreten Durchführung sind Abweichungen von der Planung nicht nur erlaubt, sondern oft auch pädagogisch notwendig.

Grundlage Ihres methodischen Vorgehens sollte eine Haltung sein, die die eigene Rolle vor allem darin sieht, die Kinder spielerisch zu begleiten – sie nur dann anzuleiten, wenn es wirklich notwendig ist, ihnen in erster Linie Anregungen zu geben und Unterstützung anzubieten. Besonders geeignet sind impulssetzende, indirekte Vorgehensweisen (vgl. Ellermann 2021, S. 62-71).

Abweichungen von der Planung sollten in einer anschließenden Besprechung mit der Praxisanleitung reflektiert werden.

Beispiel Planungsstruktur eines Lernarrangements in der Kita: „Gestaltung einer Tastwandraupe“

Deckblatt:
- Name und Adresse der Schule/Hochschule:
- Name der Praktikantin/des Praktikanten:
- Klasse/Seminar:
- Titel: Planung eines Lernarrangements **„Gestaltung einer Tastwandraupe“**
- Tag und Uhrzeit der Durchführung:
- Name und Anschrift der Kita:
- Name der Praxisanleitung und evtl. der Einrichtungsleitung:
- Datum, Unterschrift

1. **Angabe zur Gruppe und zu einzelnen Kindern**

1.1. *Beschreibung der Gruppe*

Die "Sternengruppe", in der ich als Praktikantin tätig bin, umfasst zurzeit 23 Kinder im Alter von drei bis sechs Jahren. Vier Dreijährige sind seit etwa vier Monaten in der Gruppe, der Eingewöhnungsprozess ist weitgehend abgeschlossen. Sechs Kinder werden voraussichtlich in ca. sieben Monaten eingeschult, die sozialen Kompetenzen der angehenden Schulkinder sind weit entwickelt, sie sind in der Regel hilfsbereit und verhalten sich rücksichtsvoll gegenüber jüngeren Kindern.
Die fünf- bis sechsjährigen Kinder der Sternengruppe haben Erfahrung mit gemeinsamen Aktivitäten in Kleingruppen. Unter den Drei- bis Vierjährigen gibt es einige Kinder, die bei den geplanten Tätigkeiten voraussichtlich besondere Anregungen oder Unterstützung im feinmotorischen Bereich benötigen. Die Unterstützung kann während der Durchführung durch ältere Kinder oder durch mich erfolgen.

1.2. *Beschreibung einzelner Kinder*

I. (5 Jahre/4 Monate):
Die feinmotorischen Fähigkeiten von I. sind altersentsprechend entwickelt. Sie ist in der Lage, sich einfache Texte einzuprägen und wiederzugeben, z.B. den Text des hier gewählten Fingerspiels. Ihre Konzentrationsfähigkeit könnte durch das 30-minütige Arrangement etwas herausgefordert werden, ich werde sie daher ggf. ermuntern, eine selbst gewählte Tätigkeit zu Ende zu führen.

H. (5 J./8 M.):
H. beteiligt sich aktiv an Gesprächsrunden, sein Wortschatz reicht allerdings manchmal nicht aus, um all seine Ideen oder seine Vorstellungen auszudrücken. Artikel lässt er beim Sprechen häufig weg. Die Familie von H. hat einen Migrationshintergrund.
Ich werde ihn besonders bei der Benennung der Materialien aktiv einbeziehen. Ausdrucksformen, die sprachlich nicht fehlerfrei sind, werde ich nicht korrigieren, sondern die richtige Bezeichnung oder Sprechweise an anderer Stelle indirekt einfließen lassen.
K. (3 J./7 M.):
Bei K. wurde eine Sprachentwicklungsverzögerung (SEV) festgestellt. Ks Hörvermögen wurde ärztlich untersucht und es wurde ein Paukenerguss festgestellt. Im März dieses Jahres wurde dann eine Paukendrainage im Ohr gelegt. Seitdem schreitet die Sprachentwicklung von K. rasant voran, sein Wortschatz hat schnell zugenommen und er bildet immer häufiger vollständige Sätze. Im Gruppenraum beschäftigt er sich oft allein, kennt aber alle Kinder seiner Gruppe namentlich und kann sie beispielsweise den Zahnputzbechern zuordnen. An angeleiteten Aktivitäten nimmt K. nur teil, wenn er dazu aufgefordert wird. K. hat im Verlaufe meines Praktikums eine besondere Bindung zu mir aufgebaut, er geht häufig aktiv auf mich zu und fragt z.B. nach speziellen Spielmaterialien.
Ich möchte ihn in den Phasen ansprechen, in denen es um die Beschaffenheit der unterschiedlichen Materialien geht (Begriffspaare aus Adjektiven).

2. **Didaktisch-methodische Entscheidungen**

2.1. *Lern- und Handlungsgegenstand*

Die Kinder in der Gruppe befassen sich schon seit einiger Zeit mit dem Inhalt „Die fünf Sinne". Das Team der Sternengruppe hat unterschiedliche Materialien und Spiele dazu zusammengestellt. In der Gesamtgruppe werden täglich Erfahrungen zum Thema ausgetauscht. Zusätzlich werden den Kindern Angebote gemacht. Ich habe bereits ein Arrangement zum Bereich „Hören" durchgeführt und mich nach Rücksprache mit meiner Anleiterin bereiterklärt, ein weiteres Arrangement zum Thema „Haptische Wahrnehmung" zu planen und durchzuführen.
Sinnliche Erfahrung ist die Grundlage kindlichen Handelns. „Für Kinder stellt die sinnliche Wahrnehmung den Zugang zur Welt dar. Sie ist die Wurzel jeder Erfahrung, durch die sie die Welt jeweils für sich wieder neu aufbauen und verstehen können." (Zimmer 2019, S 14)
Mit haptischer Wahrnehmung ist das aktive Erkennen gemeint, alle aktiven Berührungen. Das umfasst insbesondere die bewusste Berührung unter Verwendung der Hände. Der Begriff taktile Wahrnehmung steht für passives Berührtwerden, taktile Reize, wie Berührung, Druck, Temperatur und Schmerz, entstehen über die Rezeptoren auf unserer Haut. Der Körper kann durch den Tastsinn Formen von Gegenständen wahrnehmen und diese auch in der Interaktion mit dem Gegenstand bewerten.
Häufig überdeckt die visuelle Wahrnehmung die taktilen Empfindungen, da in unserer Kultur dem Sehen eine hohe Bewertung zukommt. Die Wichtigkeit des Taktilen rückt erst stärker ins Bewusstsein, wenn der visuelle Sinn nicht genutzt wird. (Vgl. Liechti 2000, S. 23)
Die Hand ist Teil des Tastsinns und zugleich auch Werkzeug. Sie kann greifen, streicheln, schlagen, formen, bauen, nehmen, geben etc. Dies verdeutlicht auch den engen Zusammenhang von Tast- und Bewegungssinn. Nimmt man einen Gegenstand in die Hand, dann kann man seine Größe, sein Gewicht, seine Form und seine Oberflächenbeschaffenheit feststellen. Ebenso kann man seine Konsistenz (z. B. glibberig, fest) und seine Temperatur (kalt, kühl, neutral, warm) wahrnehmen. Die Kinder haben in diesem Arrangement die Möglichkeit, zu beschreiben, was sie ertasten und wie sich ein Gegenstand anfühlt. Begriffspaare, die sich daraus ergeben, werden von mir bewusst eingesetzt, um den Wortschatz der teilnehmenden Kinder zu festigen oder zu erweitern.
Tiere üben auf Kinder eine besondere Anziehungskraft aus. Die Tastwand wird daher in Form einer Raupe hergestellt. Kopf und Füße habe ich bereits hergestellt, der Raupenkörper aus Korkscheiben wird von den Kindern gestaltet. Da die Raupe aus einzelnen Kork-Teilen besteht, ist es möglich, sie einfach und jederzeit zu verlängern und Teile umzustellen.

In den Bildungsleitlinien des Landes Schleswig-Holstein wird die Förderung der Sinneswahrnehmung als Aufgabe der Kita benannt, sie ist in erster Linie dem Bildungsbereich „Musisch-ästhetische Bildung und Medien – oder: sich und die Welt mit allen Sinnen wahrnehmen" zugeordnet. Bildungsbereiche sprechen nur eine Facette des ganzheitlichen kindlichen Bildungsprozesses an, die Kinder bilden sich immer gleichzeitig in mehreren Bildungsbereichen. (Vgl. Ministerium für Soziales, Gesundheit, Jugend Familien und Senioren des Landes Schleswig-Holstein 2020, S. 24) Auch in diesem Arrangement werden unterschiedliche Bildungsbereiche berührt, neben der Sinneswahrnehmung wird insbesondere die sprachliche Bildung berücksichtigt.

2.2. *Sozialform*

Das Lernarrangement möchte ich mit einer Teilgruppe von maximal acht Kindern durchführen. Die Teilnahme an dem Angebot ist freiwillig. Das Fingerspiel trage ich nach dem Frühstück im Stuhlkreis in der Gesamtgruppe vor, danach werde ich den Vorschlag machen, im Nebenraum gemeinsam etwas zu bauen, das mit den Händen zu tun hat. Ich werde K. gezielt ansprechen und fragen, ob er an dem Angebot teilnehmen möchte.

2.3. *Kompetenzen*

Handlungsebene	Die Kinder erstellen gemeinsam eine Tastwandraupe aus unterschiedlichen Naturmaterialien.		
Sachkompetenz		Personale Kompetenz	
Die Kinder können …			
Wissen	Fertigkeiten	Sozialkompetenz	Selbstkompetenz
… eine Raupe beschreiben, indem sie Größe, Form und Oberflächenbeschaffenheit benennen. … sprachlich ausdrücken, dass sie mit ihren Händen fühlen können. … ‚weich' und ‚fest' bei Materialien wie Wolle und Kork unterscheiden, Strukturen wie ‚glatt' und ‚rau' oder Temperaturwahrnehmung wie ‚warm' oder ‚kühl' benennen.	… mit ihren Händen unterschiedliche Materialien ertasten. … mit der Schere unterschiedliche Formen ausschneiden. … Natur- und andere Materialien auf Korkscheiben kleben.	… Absprachen treffen, an welche Stellen welche Materialien platziert werden sollen. … die unterschiedlichen Materialien untereinander aufteilen.	… sich für ein bestimmtes Material entscheiden. … ihre Meinung und Wünsche äußern und anderen Kindern mitteilen.

2.4. *Organisationsform*

a) Zeit: Stellung im Tagesablauf: Das Lernarrangement wird etwa zwischen 10:15 und 10:50 Uhr nach der ersten Freispielphase und dem Frühstück stattfinden.
Dauer: ca. 30-35 Minuten

b) Raum: Die Einstimmung findet im Gruppenraum statt, das gestalterische Angebot an einem großen Tisch im Kreativraum, an dem alle Kinder Platz finden und mich sehen können. In der Nähe befindet sich ein Waschbecken, das zum Händewaschen und Pinselauswaschen genutzt werden kann.

c) Material: Hilfsmittel und Werkzeuge: Unterlagen für die Tische, Schälchen für Klebstoff, Scheren. Materialien: Natursteine, Bausteine, Glassteine, Wolle, Schafswolle, Knöpfe, getrocknete Erbsen, Fell, Federn, Kiefernzapfen, Kastanien, Korken, Walnussschalen. Papiersorten: Wellpappe (quadratisch), Transparentpapier (oval), Buntpapier (rund), Gummimoos (dreieckig). Alleskleber.
Korkscheiben für die Raupe, jede Scheibe ist optisch in Abschnitte unterteilt, die mit einer Materialgruppe beklebt werden kann.
Einige Naturmaterialien (z.B. Steine oder Muscheln) haben die Kinder in den letzten Wochen draußen gesammelt, andere Materialien werden von mir bereitgestellt.

2.5. *Interaktionen und Verfahrensschritte*

Phasen	Methodische Schritte, Praktikant/-in-Kind-Interaktionen	Anmerkungen, Begründungen
Einstieg	Fingerspiel: „Meine Hände können schwimmen wie ein Fisch" Aufforderung, eigene Ideen zu entwickeln, was die Hände können. Umsetzung der Beispiele, die die Kinder entwickeln	Die Gruppenleiterin übernimmt den ersten Teil des Morgenkreises, ich übernehme das Ende des Morgenkreises. Das Fingerspiel ist neu für die Kinder.
	Lied: „Meine Hände sind verschwunden"	Das Lied ist den Kindern bereits bekannt, die entsprechenden Bewegungen kennen sie ebenfalls.
	Ich fordere die Kinder auf, die Augen zu schließen und gebe einzelnen Kindern einzelne Materialien (Feder, Kork, Muschel) in die Hand und fordere sie auf, zu erraten, was es sein könnte.	Wer die Augen nicht schließen möchte, kann sie auch offen lassen.
	Überleitung: „Wer von euch Lust hat, etwas herzustellen, das man ertasten kann, nimmt sich einen Karton und kommt mit mir in den Kreativraum,"	8 Kartons stehen zur Verfügung.
Hauptteil	Betrachten der Kartons mit den Materialien	Visuelle Wahrnehmung als Vorbereitung für das Ertasten
	Benennen der Materialien	Unterstützung der Kinder durch Impulse wie „Wer kann helfen?"
	Ertasten der Materialien mit geschlossenen Augen	Jedes Kind erhält einen Karton. Der Schwierigkeitsgrad wird an die Kompetenzen des Kindes angepasst: Federn und Fell z.B. für jüngere Kinder; Knöpfe, Erbsen oder Papiersorten für ältere Kinder.
	Die Kinder beschreiben, wie sich das Material anfühlt,	Die Augen dürfen geschlossen oder auch geöffnet sein.
	Sprachliche Impulse durch Gegenüberstellungen wie: „Ist es eher … hart oder weich, rau oder glatt, flauschig oder kratzig, fest oder glitschig, rund oder eckig, warm oder kühl, stachelig oder samtig?"	Die Kinder erhalten genügend Zeit, um in Ruhe zu fühlen und das Gefühlte zu beschreiben.
	Auslegen des Kopfes und der Füße der Raupe	Die Kinder sollen sich spontan äußern, das Wort „Raupe" wird vermutlich bereits fallen; falls nicht, weise ich auf die einzelnen Teile hin und gebe sprachliche Anregungen.
	Hinzufügen der Korkscheiben und Entwicklung von Ideen zur Gestaltung	Prinzip der Anschaulichkeit Die Kinder werden voraussichtlich die Idee entwickeln, die Scheiben weiter auszuschmücken.
	Verteilen der Materialien	Jedes Kind kann sich einen Karton aussuchen. Schälchen mit Kleber oder Scheren stehen bereit.
	Absprachen, wie die Materialien auf den Scheiben verteilt werden sollen	Kinder, die eine Scheibe bekleben, einigen sich darauf, wie die Materialien verteilt werden sollen.
	Beobachtung und Unterstützung der Kinder. Sprachliche Begleitung des Prozesses	Die Kinder werden darin unterstützt, einander zu helfen und Materialien zu teilen.
Abschluss	Auslegen der beklebten Scheiben auf dem Boden	Hinweis, dass der Klebstoff noch weiter trocknen muss
	Die Kinder berichten und zeigen, welches Material sie benutzt haben.	
	Hinweis, dass die Raupe auch aufgehängt und für „Tastspiele" benutzt werden kann	Ich spreche von einer „Spielraupe". Weitere Raupenteile können in den nächsten Tagen noch angefertigt werden.
	Gemeinsames Aufräumen: Klebeschälchen auswaschen, unbenutztes Material in die Kartons zurücklegen, Malunterlagen zusammenfalten	Alle Kinder werden beteiligt.

3. **Literatur, Quellen**

Liechti, Martin (2000): Erfahrung am eigenen Leibe. Taktil-kinästhetische Sinneserfahrung als Prozess des Weltbegreifens. Heidelberg S. 23
Ministerium für Soziales, Gesundheit, Jugend Familien und Senioren des Landes Schleswig-Holstein (Hrsg.) (2020): Erfolgreich starten. Bildungsleitlinien zum Bildungsauftrag von Kindertagesstätten. Online unter https://www.schleswig-holstein.de/DE/landesregierung/ministerien-behoerden/VIII/Service/Broschueren/Broschueren_VIII/Kita/BildungsleitlinienDeutsch.html *[31.05.2024]*
Zimmer, Renate (2019): Handbuch Sinneswahrnehmung. Grundlagen einer ganzheitlichen Bildung und Erziehung. Freiburg im Breisgau

4. **Anhang**

Die Fingerspiele

Fingerspiele

Fingerkünstler

Fachkraft: „Meine Hände können schwimmen wie ein Fisch. Seht mal her, das ist nicht schwer." Sie macht mit Fingern und Händen eine schwimmende Bewegung.

Spielregel: Die Fachkraft spricht den Text vor und macht die entsprechende Bewegung. Danach wiederholen alle gemeinsam den Text und die Bewegung dazu.

Die Kinder erfinden weitere Bewegungen. Mögliche Ideen: Trommeln wie ein Trommler, Klavierspielen wie eine Pianistin, in die Nase zwicken wie eine Mücke, kratzen wie unsere Katze …

Meine Hände sind verschwunden

Text: Traditionell | Melodie: Traditionell

1. Strophe:
„Meine Hände sind verschwunden, ich habe keine Hände mehr!
(Hände hinter dem Rücken verstecken)
Ei da sind die Hände wieder da, tra-la-la-la-la - la!
(Hände wieder vor holen und nach vorne strecken)

Weitere Strophen:
Meine Augen … (Augen zuhalten)
Meine Ohren … (Ohren zuhalten)
Meine Nase … (Nase zuhalten)
Mein Mund … (Mund zuhalten)

Abb. 6.4 Spiel- und Liederzettel

Abb. 6.5 Die fertige Tastwandraupe

6.2.2 Reflexion eines Lernarrangements

Die Auswertung eines Lernarrangements kann als Teil eines Kreislaufs betrachtet werden.

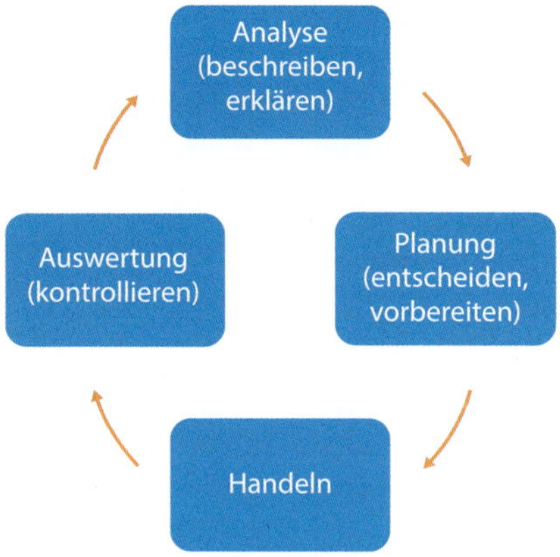

Abb. 6.6 Verlaufsmodell der didaktischen Arbeit (nach Martin 2005, S. 61)

Auch Ihr eigenes didaktisches Handeln in der Praxis gleicht einem Kreislauf. Grundlage Ihrer Planung ist eine *Analyse,* z.B. die Analyse der Entwicklungsmöglichkeiten eines einzelnen Kindes.

Es gibt immer unterschiedliche Wege, um ein Ziel zu erreichen. Lassen Sie sich daher durch Alternativvorschläge zu Ihrer Vorgehensweise nicht verunsichern.

> Schaubild Strukturmodell S. 82

Haben Sie Ihre *Planung* zuvor mit der Anleitung besprochen, mussten Sie Ihre Vorgehensweise vorweg beschreiben. Im Gespräch haben Sie vielleicht Bezug genommen auf die Gruppe *(Beziehungsebene)* oder die Bildungsleitlinien *(Orientierungsebene).* Im Idealfall konnten Sie Ihr Vorgehen fachlich begründen und haben sich offen gezeigt für Alternativvorschläge.

Das *Handeln*, d.h. die eigentliche Durchführung des Lernarrangements, erfolgte dann auf der Grundlage dieser Analyse und der daraus hervorgehenden Planung. Das Handeln in der Praxis bleibt grundsätzlich flexibel und nimmt Rücksicht auf situative Erfordernisse.

Bei der *Reflexion oder Auswertung* des Lernarrangements bieten Ihnen die in dem Strukturmodell genannten Elemente (> Schaubild S. 82) Orientierung. Jedes einzelne Element kann Ihnen Anregung geben, Ihr didaktisch-methodisches Handeln genauer zu betrachten. Die Reflexion, d.h. die rückblickende Betrachtung Ihrer Planung und Ihres Vorgehens, kann in mündlicher oder in schriftlicher Form erfolgen.

Von besonderem Interesse sind die Puzzleteile des Strukturmodells, d.h. Ihre im Planungsprozess bewusst getroffenen didaktisch-methodischen *Entscheidungen*. Sie können in der Reflexion auch den Kompetenzzuwachs der Kinder und der Gruppe betrachten oder sich die Frage stellen, ob Ansprüche, die sich etwa aus der Fachwissenschaft ergeben, erfüllt wurden.

> Baustein N

> Baustein N: Reflexion eines Lernarrangements

Die Ergebnisse der Auswertung fließen dann wieder in eine neue Analyse von Verhalten und Situationen ein. Der Kreis schließt sich.

6.3 Lernarrangement Projekt

Die Durchführung eines *Projektes* gehört zu den anspruchsvolleren Aufgaben, die Kita-Praktikanten/-innen zu bewältigen haben, sie geht zeitlich über die Durchführung eines einzelnen Arrangements hinaus. Die Planung eines Projektes wirft eine ganze Reihe von Fragen auf – die erste besteht oft bereits darin, herauszufinden, was Anleiter/Anleiterin oder die Lehrkraft unter einem „Projekt" versteht. Ist die Gestaltung einer Spielerunde im Stuhlkreis bereits ein Projekt? Eher nicht. Das Spektrum in der Praxis reicht von „Mini-Projekten", die aus nur 3-4 Treffen in der Gruppe bestehen, bis hin zu gruppenübergreifenden Kita-Projekten, an der alle Gruppen und Fachkräfte und ggf. auch noch externe Experten/-innen beteiligt sind. Die Dauer allein ist kein hinreichendes Merkmal, um ein Projekt in der Kita genauer zu bestimmen.

Es geht um ein zusammenhängendes Vorhaben, das eine Gruppe von Kita-Kindern gemeinsam mit Erwachsenen (z.B. Praktikantin, Fachkräften, Eltern, externen Personen) plant, durchführt und reflektierend begleitet.

6.3.1 Merkmale eines Projektes

Was also macht ein Projekt in der Kita aus? Die *Projektmethode* stellt vor allem eine Vorgehensweise dar, Lern- und Bildungsprozesse von Kindern zu unterstützen und dabei an den kindlichen Interessen und Fragen anzuknüpfen (vgl. Küls 2012, S. 7).

Bei einem Kita-Projekt lernen die Kinder durch konkrete Handlungen, dass sie durch Eigeninitiative in einem befristeten Rahmen in zuvor abgesprochenen Schritten ein gemeinsam entwickeltes Ziel erreichen können.

Um den Begriff von anderen Vorhaben in der Kita abzugrenzen, wird in der Fachliteratur vor allem ein Aspekt betont: **Die Beteiligung der Kinder an Entscheidungsprozessen in allen Phasen des Projektes**. „Gleichzeitig ist es im Rahmen ko-konstruktivistischer Planung wesentlicher Bestandteil von Projekten, die Kinder an den Entscheidungen zu beteiligen und sie damit selbst mitbestimmen zu lassen, welche Gegenstände, Vorgehensweisen, Forschungsfragen, Vorhaben, Exkursionen, Einladungen, Experimente usw. verfolgt werden sollen. Irrwege gehören dabei zum Lernweg und müssen zugelassen werden, damit Kinder ihre eigenen Erfahrungen sammeln können" (Küls 2012, S. 78). Die Partizipation von Anfang an erfordert Methoden, die Raum lassen für selbstgesteuertes Lernen, für Zwischenreflexionen und eventuell auch Raum für ein Scheitern oder einen Neuanfang, wenn es denn notwendig erscheint.

Ausgangspunkt für ein Projekt in der Kita kann sein:

- eine spontane Idee der Kinder
- Beobachtungen von Situationen im Freispiel, die zu einer gemeinsam entwickelten Zielsetzung führen
- eine Fragestellung oder Spielidee, die für die Kinder aus Spielsituationen hervorgeht
- eine Idee oder Fragestellung, die sich aus der Begegnung mit einem Gegenstand oder Material ergibt
- ein Ort in der Kita oder im Gemeinwesen, der zur Erkundung einlädt
- ein besonderer Zeitpunkt, auf den sich die Kinder vorbereiten möchten, z.B. eine Feier oder ein Fest

- eine Fragestellung, die mit dem Erleben einer Alltagssituation verknüpft ist
- eine Forschungsfrage, die sich aus der Auseinandersetzung mit einem Gegenstand oder Thema herausbildet
- ein Problem, das sich für ein oder mehrere Kinder im Kindergarten stellt
- ein sprachlicher Impuls oder ein Sachimpuls, der von dem Praktikant/der Praktikantin oder einer Fachkraft eingebracht wird und ein weitergehendes Interesse der Kinder weckt

> Kap. 8.2

Beginnen Sie mit der Planung und Durchführung überschaubarer Arrangements, bevor Sie die anspruchsvollere Methode „Projekt" ausprobieren.

Die Kinder der teilnehmenden Projektgruppe setzen sich eigene Ziele, leiten daraus Ideen für Vorgehensweisen und Aktivitäten ab und übernehmen entsprechend ihrem Entwicklungsstand eigenverantwortlich Aufgaben. Sie entwickeln im Diskurs mit den Erwachsenen Antworten und Lösungen zu ihrer Frage- oder Problemstellung. Als Praktikant/-in sollten Sie den Verlauf und die Ergebnisse Ihres Projektes möglichst dokumentieren, vielleicht haben die Kinder eigene Ideen zur Art der Dokumentation. Die Projektdokumentation ist für den eigentlichen Bericht oft zu lang, sie gehört dann in den Anhang. Wie man einen Anhang gestaltet, erfahren Sie in > Kap. 8.2.

Die Fähigkeit, Projekte mit Kindern durchzuführen und zu begleiten, sollte Schritt für Schritt im Praktikum entwickelt werden.

Die konkreten Beteiligungsmöglichkeiten in Kita-Projekten können recht unterschiedlich sein. Wie viel Partizipation konkret möglich ist, hängt von den eingesetzten Methoden ab. Im Kita-Alltag erfordert es ein hohes Maß an Kreativität, altersgemäße Formen der Teilhabe zu entwickeln. Vor allem erfordert es die Bereitschaft der Erwachsenen, den Kindern zuzuhören, sich wirklich auf offene Aushandlungsprozesse einzulassen. Dazu gehört auch, die Vorschläge der Kinder nicht nur zu besonderen Anlässen, z. B. in Kinderkonferenzen, ernst zu nehmen.

Einschätzskala

Schätzen Sie auf der Skala von 1-10: Welchen Grad an Beteiligung haben Sie bei der Durchführung Ihres Projektes erreicht?

Einschätzskala: Ausmaß an Partizipation in Projekten mit Kita-Kindern

Grad der Beteiligung und Selbstbestimmung in Projekten

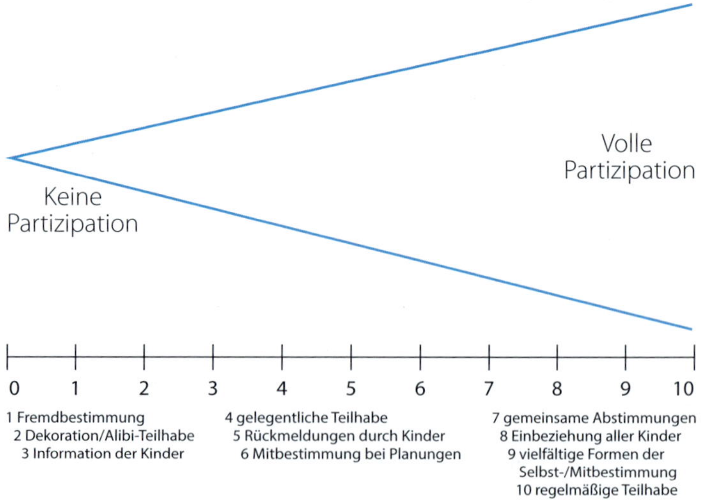

Abb. 6.7 Einschätzskala zum Grad der Beteiligung der Kinder

Es ist in der Praxis nicht einfach, die Projektmethode mit jüngeren Kindern anzuwenden, daher sprechen viele Lehrkräfte lieber von **„projektorientiertem Vorgehen"** – damit möchten sie ausdrücken, dass man sich zwar am Projektgedanken orientiert, aber in der Praxis vielleicht nicht immer den Ansprüchen gerecht wird, die mit dem Begriff „Projekt" verknüpft sind.

Lassen Sie sich nicht verunsichern, wenn ein Projekt anders verläuft als erwartet. Beziehen Sie die Gruppe in den Reflexionsprozess darüber ein, wie es weitergehen soll.

Das Ungeplante und Unplanbare eines Projektes erfordert selbst von erfahrenen Fachkräften ein hohes Maß an Flexibilität und Frustrationstoleranz.

Projektorientierte Vorhaben sind in allen Bildungsbereichen möglich. Im Bereich *Sprache, Schrift und Kommunikation* können die Kinder z.B. eigene Vorschläge zur Auswahl von Geschichten machen oder sich darüber verständigen, in welcher Form die Geschichte dargestellt werden soll. Im Bereich der *musisch-kreativen Bildung* können unterschiedliche Formen der Ausstellung und Präsentation künstlerischer Produkte mit den Kindern erarbeitet werden. Im Bereich *Bewegung, Körper und Gesundheit* werden Ideen für die Gestaltung einer Bewegungslandschaft gesammelt und umgesetzt. Im Bereich *Mathematik, Naturwissenschaft und Technik* kann ein bestimmtes Material (z.B. Sand) als Ausgangspunkt für Projektideen genommen werden. Im Bereich *Natur, soziale und kulturelle Umwelt* bietet das Erkunden des Nahbereichs (z.B. die Grundschule im Einzugsbereich der Kita) vielfältige Projektmöglichkeiten. Im Bildungsbereich *Ethik und Religion* bieten gesammelte Fragen der Kinder (Wie weit ist es bis zum Ende der Welt?) Anlass für ein philosophisches Gespräch und können Ideen für Projekte auslösen. Es gibt eine große Vielfalt an Möglichkeiten, entwickeln Sie Ihre eigenen Ideen und besprechen Sie diese mit der anleitenden Person im Praktikum.

Wenn Sie Ihr Projekt mit den Kindern im Bericht vorstellen, stehen Sie vor dem Problem, wie man etwas strukturiert darstellen soll, bei dem es immer wieder zu Änderungen in der Planung kommen kann und soll. Die Abfolge Planung, Durchführung, Reflexion baut nicht immer zeitlich aufeinander auf, sondern ist häufig miteinander verschränkt und verwoben.

6.3.2 Grundstruktur eines Projektes

Ein Projekt ist ein Prozess, der im Bericht in weiten Teilen nur rückblickend dargestellt werden kann. Eine pragmatische Methode, das Projekt im Bericht vorzustellen, besteht darin, die Beschreibung und Reflexion Ihres Projektes an der Grundstruktur eines Projektes ausrichten. Der Ablauf lässt sich idealtypisch beschreiben: Die wesentlichen Elemente eines Projektes bestehen nach Frey aus *Projektinitiative, Projektskizze, Projektplan, Projektdurchführung, Projektabschluss* (2012, S. 54-61).

Fixpunkte und *Metainteraktion* treten je nach Bedarf im Verlauf eines Projektes auf und sind unverzichtbare Bestandteile der Methode. Fixpunkte werden z.B. in Form eines erneuten Treffens zur Abstimmung zwischen Einzelnen und Teilgruppen eingeschoben und sollen vor Orientierungslosigkeit und Beliebigkeit schützen. Metainteraktion findet in Zwischengesprächen statt, in denen die Kinder ihr eigenes Tun mit einer gewissen Distanz betrachten. Sie machen sich dabei bewusst, was im Projekt überhaupt abläuft. „Die Metainteraktion trägt dazu bei, aus einfachem Tun bildendes Tun zu machen" (Frey 2012,

S. 61). Sie können die Kinder z.B. fragen, an welchem Punkt des Vorgehens sie sich ihrer Meinung nach gerade befinden.

Die Projektinitiative

Ein Projektgegenstand oder ein Projektthema können sowohl von den Kindern als auch von dem/der Praktikanten/-in oder Fachkraft eingebracht werden. Stellen Sie im Bericht dar, wie ist es zu dem Projekt gekommen ist, beschreiben Sie den Anlass, die Situation, die dazu geführt hat, dass die Kinder eigene Fragen entwickeln oder spontane Ideen äußern.

Bei der Themenfindung zu einem Projekt hat in der Phase der Interessensfindung jede Idee ihre Berechtigung, auch die verrückteste Idee oder das seltsamste Interesse darf unabhängig von der Realisierbarkeit geäußert werden. Vorschläge sollen nicht aus irgendwelchen pragmatischen Gründen vorschnell zurückgezogen werden, alles kommt auf den Tisch.

Die Projektskizze

Die potenziellen Teilnehmer an der Aktion setzen sich mit dem Vorschlag oder unterschiedlichen Ideen auseinander und klären, ob sie sich damit befassen möchten. Den Kindern soll die Möglichkeit gegeben werden, eigene Betätigungswünsche und Vorstellungen von einem möglichen Ergebnis zu äußern. Die Auseinandersetzung mit der Projektinitiative mündet in einer Projektskizze, die die Vorschläge der Kinder enthält und veränderbar bleibt.

Machen Sie besonders den Prozess der Meinungsbildung deutlich, der der Entscheidungsfindung vorausgeht.

Beschreiben Sie im Bericht, wie Sie in der *Findungsphase* die Ideen der Kinder gesammelt und sortiert haben. Das kann eine *Skizze* auf einem Plakat sein, die Ideen können aber auch auf andere Weise für die Kinder sichtbar festgehalten werden. Sie können z.B. in einer Ideenkiste landen, an einen Ideenbaum oder einer Ideenleine aufgehängt oder digital als Dokument gespeichert werden.

Ist noch kein gemeinsames Thema gefunden, kann die Fachkraft in der *Entscheidungsphase* der Gruppe helfen, zu einem Entschluss zu kommen, indem sie Impulse für die Entscheidung entwickelt – was ist uns wichtig, was ist gemeinsames Ziel, was soll erreicht werden?

Es sollte auch geklärt werden, ob die gesamte Gruppe sich für ein Projekt entscheidet oder ob in Gruppen unterschiedliche Projektideen verfolgt werden können. Wesentlich ist die Wertschätzung der Ideen und Fragen der Kinder. Nur bei ganz unrealistischen Zielsetzungen sollten die Kinder bereits in dieser Phase über Bedingungen (Personen, Räume, Zeiten, Material) und Grenzen informiert werden.

Der Projektplan

Im nächsten Schritt wird das Betätigungsgebiet gemeinsam genauer untersucht und entwickelt. Die Ideen aus der Skizze müssen in der Regel mithilfe der Erwachsenen reduziert und konkretisiert werden.

Machen Sie im Bericht deutlich, wie Sie die Kinder bei der Formulierung von Zielen und bei der Aufteilung des Vorgehens in einzelne Schritte unterstützt haben. Informationen müssen eventuell noch eingeholt, Aufgaben verteilt, außenstehende Personen mit einbezogen werden. Beschreiben Sie im Bericht auch die Methoden, die Sie einsetzen, um das Vorgehen zu strukturieren. Verdeutlichen Sie, wie Sie die Kinder bei der Umsetzung ihrer Ideen unterstützt haben.

Der Projektplan enthält die anschauliche Übersicht, was, wann, wer, wo, mit wem stattfinden soll. Da es auch bei der inhaltlichen und organisatorischen Planung vor allem um die Initiativen und Ideen der Kinder geht, kann eine tabellarische Übersicht z.B. mit kindgerechten Piktogrammen versehen werden. Dieser Plan wird im Bericht zum Kernelement Ihrer Projektbeschreibung.

Die Projektdurchführung

Es folgt die eigentliche Betätigung im zuvor festgelegten Rahmen, die Durchführung des Planes. Eine Aktion wird in arbeitsteiliger oder arbeitsgleicher Form durchgeführt, z.B. wird etwas hergestellt oder auf ein Ergebnis hingearbeitet. Im Bericht machen Sie deutlich, welche Elemente der Planung tatsächlich durchgeführt wurden und welche nicht. Beschreiben Sie, welche Erfahrungen Sie bei der Durchführung gemacht haben.

Der Projektabschluss

Produktorientierte Projekte münden z.B. in der spielerischen Verwendung des Produktes oder in einer Präsentation des Ergebnisses vor anderen Kindern. Bei anderen Aktivitäten genießen die Kinder vielleicht einfach das Erreichte und vergleichen den erreichten Zustand mit dem Zustand zur Zeit der Projektinitiative. Das Projekt kann auch enden, indem es in den Kita-Alltag ausläuft: Die Kinder üben z.B. eine Tätigkeit aus, die eine im Projekt erlernte Fertigkeit erfordert.

Machen Sie in Ihrem Bericht deutlich, in welche Aktion das Projekt gemündet ist oder welches Ergebnis am Ende sichtbar wurde. Beschreiben Sie auch, wie Sie den Kindern Gelegenheit gegeben haben, von ihren Erfahrungen zu erzählen und wie Sie ihnen bei der Auswertung geholfen haben. Vielleicht benötigen die Kinder Unterstützung, sich an die Ausgangslage/-frage zu erinnern. Wie ist es zu dem Projekt gekommen? Welche Entscheidungen haben wir getroffen? Was haben wir erreicht?

Beispiel Darstellung eines Projektverlaufes in der Kita:

Projekt „Blind sein“

Die Projektinitiative

Ausgangssituation: Einige Kinder aus der Kindergartengruppe bekommen mit, dass Clara (X;x Jahre) nicht nur von ihrer Mutter, sondern auch von ihrem blinden Vater zur Kita gebracht wird. Der Vater ist von Geburt an blind, er benutzt einen Blindenstock. Im Eingangsbereich erregt er damit bei einigen Kindern Aufsehen: „Wieso hast du so einen Stock dabei?“, „Was sind das für Punkte auf deinem Arm?“, „Kannst du mich sehen?“ Der Vater beantwortet gelassen die Fragen, das Thema ist aber noch längere Zeit präsent, auch Clara wird genauer nach ihrem Vater gefragt. Im Stuhlkreis gibt die Fachkraft zunächst einen allgemeinen Impuls: „Was gibt es heute für Nachrichten, ist etwas Besonderes geschehen? Gibt es etwas, worüber ihr mehr erfahren möchtet?“

Eine Reihe von Kindern hat etwas zu erzählen, die meisten Beiträge drehen sich um den Vater von Clara. Auch Fragen und Kommentare tauchen auf. „Kann der allein einkaufen?“, „Der kann doch nichts allein, der findet das Haus nicht.“ Clara erklärt, dass ihr Vater fast alles allein könne. „Ihr wisst das doch gar nicht, ihr wart ja nie blind!“ Es wird etwas unruhiger und die Fachkraft greift das Thema auf: „Wie könnten wir denn herausfinden, wie es sich anfühlt, blind zu sein?“

Die Projektskizze

Die Kinder entwickeln spontane Vorschläge und stellen weitere Fragen „Wir könnten ‚Blinde Kuh‘ spielen“, „Gibt es noch mehr Spiele?“, „Können Blinde malen?“, „Können sie schreiben?“ usw. Die Fachkraft betont, „dass wir bestimmt ganz viel Neues erfahren können, dass wir das aber bestimmt nicht alles an einem Tag schaffen werden". Sie schlägt vor, alle Vorschläge und Fragen aufzuschreiben, und dann später zu schauen, was (und wie) die Gruppe genau machen möchte.

Der Projektplan

Die Vorschläge der Kinder werden durch Bilder visualisiert: Ein Bild zeigt ein Kind, das ein anderes Kind mit verbundenen Augen an der Hand führt, und ist mit der Beschriftung ‚Augen verbinden und Alltagssituationen blind meistern' versehen. Ein anderes Bild zeigt ein Kind mit verbundenen Augen, das mit einem Stock einen Weg zwischen Gegenständen sucht, ‚Einen Parcours blind bewältigen'. Ein weiteres Bild zeigt Kinder am Maltisch, ‚Blind ein Bild malen', wieder ein anderes Instrumente mit der Beschriftung ‚Blind musizieren', das letzte Bild zeigt einen erwachsenen Mann mit Blindenarmbinde und Blindenstock: ‚Claras Vater in den Kindergarten einladen.' Die Kinder überlegen, wie sie Claras Vater eine Einladung schreiben können, die er lesen kann, entscheiden sich dann aber dafür, dass Clara ihn bitte fragen soll. Die Fachkraft ruft nachmittags bei Clara an, um den Informationsfluss abzusichern. Bleibt noch die Frage, wer, wann, was macht. Eines der angehenden Schulkinder macht den Vorschlag, jeden Tag eins der obigen Bilder zu ‚machen'. Alle, auch die Fachkraft, sind einverstanden und nun wird noch die zeitliche Abfolge festgelegt. Als Ergebnis werden die Bilder in die gewünschte Reihenfolge gebracht und mit dem Namen des jeweiligen Wochentages versehen.

Die Projektdurchführung

Die einzelnen Aktionen werden unter Anleitung der Fachkraft und dem Plan entsprechend durchgeführt. Der Projektplan ist während der Durchführung für alle Teilnehmenden einsehbar, damit deutlich ist, an welcher Stelle des Projektes man sich gerade befindet und wer welche Aufgaben übernimmt.

Die Räume werden an jedem Projekttag für die jeweilige Aktion vorbereitet und mit entsprechenden Materialien versehen. Die Fachkraft und die Praktikantin stehen während des gesamten Projektes als Ansprechpartner zu Verfügung, stellen gewünschtes Material zur Verfügung und lenken die Gruppe indirekt durch zahlreiche sprachliche und nonverbale Impulse. Sie helfen ihnen bei der Ideenfindung für den Parcours, stellen Sportgeräte und Pappkartons bereit. Die Kinder dürfen auswählen und die Fachkraft achtet darauf, dass alles sicher aufgestellt wird. Die Kinder durchlaufen den Parcours zunächst mit offenen und dann mit verbundenen Augen.

Bei der Musikaktion lassen Fachkraft und Praktikanten die Kinder die Instrumente aussuchen und ausprobieren. Die Kinder haben bereits Erfahrung damit und singen ein ihnen bereits bekanntes Lied, einige können das Lied mit einem Instrument begleiten. Sie singen das Lied mit Augenbinde und in einem nächsten Schritt spielen sie auch die Instrumente mit verbundenen Augen.

Im Stuhlkreis erzählen die Kinder von ihren Erfahrungen, die sie gemacht haben, und werden von der Fachkraft aufgefordert, Unterschiede beim Erleben mit offenen oder geschlossenen Augen zu beschreiben.

Für die Malaktion wird ein Maltisch mit verschiedenen Malutensilien vorbereitet, Kittel und Augenbinden liegen bereit. Die Kinder entscheiden frei, was sie malen, und ob sie dabei eine Augenbinde tragen möchten.

Die Alltagserfahrungen beginnen mit einem gemeinsamen Frühstück, die Praktikantin unterstützt Kinder darin, eine Schlafmaske aufzusetzen, fragt jedes Kind vorher, ob es die Binde ausprobieren möchte. Die Kinder, die das nicht möchten, können ihren ‚blinden Freunden' helfen. Der Tisch wird gemeinsam gedeckt und abgeräumt. Die Fachkraft reicht dabei die Frühstücksutensilien an und sagt den Kindern jeweils, was sie gerade in die Hand bekommen. Danach bilden sie eine Schlange, legen einander die Hände auf die Schultern und gehen zum Waschraum und versuchen, sich dort ‚blind' die Zähne zu putzen. Es werden Fotoaufnahmen zur Dokumentation der Aktionen gemacht.

Das Mittagessen verläuft in ähnlicher Weise wie die Frühstückssituation. Beim Essen landet auch mal etwas neben dem Teller oder im Becher des Sitznachbarn. Die Kinder berichten danach wieder in der Gesprächsrunde von ihren Erfahrungen.

Der Besuch von Claras Vater wird vorbereitet, indem die Fachkraft Fragen der Kinder im Vorfeld aufschreibt und mit einem passenden Bild versieht. Der Besuch findet in einer offenen Atmosphäre statt. Ein Stuhl wird im Stuhlkreis für den Vater freigehalten und die beiden Kinder, zwischen denen er sitzt, rufen „hier", damit er den Platz findet. Claras Vater beantwortet alle Fragen genau und hört geduldig zu. Er zeigt ihnen auch, wie er sich ein Glas mit Wasser einschenkt, und wie er prüft, ob das Glas bereits gefüllt ist oder nicht. Nach seinem Besuch probieren es einige Kinder selbst aus. Der Vater hat ebenso von der Blindenschrift erzählt, und dass es dabei um Zeichen geht, die man ertasten kann.

Der Projektabschluss

Die Kinder überlegen gemeinsam mit der Fachkraft, wie sie den Eltern zeigen könnten, was sie gemacht haben. „Wir zeigen unsere Bilder", „wir essen zusammen blind". Der Raum soll schließlich als Galerie gestaltet werden. Die gemalten und mit Materialien versehenen Bilder werden aufgehängt, auch einige Fotos von den Aktionen werden vergrößert ausgedruckt. Die Kinder wollen ihren Eltern von den gemeinsamen Aktionen erzählen.

Im Bericht lassen sich die im Projekt durchgeführten Aktionen in einem Text beschreiben oder in einer tabellarischen Übersicht darstellen. Sie sollte auch eine Spalte für Bemerkungen enthalten, in der Sie unter Umständen z.B. begründen können, falls eine geplante Aktion nicht durchgeführt werden konnte.

Übersicht Projektverlauf

Datum, Uhrzeit	Personen	Ort	Thema der Aktion	Kurzbeschreibung Verlauf	Materialien, Medien	Bemerkungen

Im > Baustein O: Projektdarstellung finden Sie zur schriftlichen Beschreibung Ihres Projektes weitere Impulse. Der > Baustein P: Reflexion eines Projektes gibt Ihnen Anregungen zur kritischen Betrachtung Ihres projektorientierten Vorgehens oder Projektes.

> Baustein O
> Baustein P

Checkliste: Planung von Aktivitäten und Projekten

Planung eines Lernarrangements/Projektes	Bemerkungen	✓
Soll die schriftliche Planung und Reflexion einer geplanten Aktivität Teil des Praktikumsberichtes sein?		
Wer ist die Zielgruppe für das Arrangement?		
Wie erfolgt die Themenfindung?		
In welcher Form wird die Planung schriftlich festgehalten?		
Wer erhält vor der Durchführung Einsicht in die Planung?		
Wer gibt mir eine Rückmeldung zu meiner Planung?		
In welcher Form erfolgt die Reflexion (z.B. schriftlich oder mündlich)?		
Wie wird der Verlauf eines möglichen Projektes dokumentiert? Wie werden die Ergebnisse des Projektes präsentiert?		
Wie wird der Projektverlauf reflektiert?		

Baustein M: Planung eines Lernarrangements

Gliederungspunkte für die Vorplanung eines Lernarrangements
Deckblatt
Allgemeine Angaben zum Lernort Schule/Hochschule und zum Lernort Praxis; Name und Ausbildungsstand der Praktikantin/des Praktikanten; Thema des geplanten Lernarrangements

1 Angabe zur Gruppe und zu einzelnen Kindern
1.1 Beschreibung der Gruppe
Größe, Art und Zusammensetzung der teilnehmenden Gruppe; Altersverteilung (evtl. in Tabellenform); beobachtete Rollen in der Gruppe, Phase, in der sich die Gruppe aktuell befindet >Kap. 5.3

1.2 Beschreibung einzelner Kinder
Auflistung potenzieller Teilnehmer/-innen; Angaben zum Entwicklungsstand, zu Vorerfahrungen, Stärken, besonderen Interessen oder Bedürfnissen; ggf. Begründung des pädagogischen Handelns >Kap. 5.1

2 Didaktisch-methodische Entscheidungen
2.1 Lern- und Handlungsgegenstand
Gab es besondere Situationen, die zum gemeinsamen Thema geführt haben? Grundlage kann die Beobachtung von einzelnen Kindern oder von Spielgruppen sein. Stammt der gewählte Inhalt/das Thema aus dem Erleben der Kinder oder wird es von den Erwachsenen eingebracht? Hat der Gegenstand für die Gegenwart oder die Zukunft der Kinder eine besondere Bedeutung?
Beschreibung des Themas, ggf. Klärung von Begriffen und Wissenshintergründen; Analyse des Themas/Inhaltes, mit dem sich die Kinder befassen (*Sachanalyse*). Welchen Bezug hat das Thema zu den Bildungsleitlinien des Landes? Lässt sich der Inhalt einem oder mehreren Bildungsbereichen zuordnen? Wie wurde der Inhalt eingegrenzt (didaktische Reduktion)? Begründung von inhaltlichen Schwerpunktsetzungen. Ggf. Verweis auf eine geplante Weiterführung des Themas in der Folgezeit.

2.2 Sozialform
Wie findet die Gruppe der teilnehmenden Kinder zusammen? Welche Sozialformen gibt es während der Durchführung des Lernarrangements? Begründung der getroffenen Entscheidungen.

2.3 Kompetenzen
Beschreibung der Kompetenzen der Kinder, die die Kinder zeigen oder herausbilden sollen; entweder in Tabellenform oder als Text (nach Kompetenzbereichen geordnet).

2.4 Organisationsform
Vorbereitungen; geplanter Umgang mit Raum, Zeit, Material

2.5 Interaktionen und Verfahrensschritte
Darstellung des geplanten zeitlichen Ablaufs in Tabellenform

Phasen	Methodische Schritte, Fachkraft-Kind-Interaktionen	Begründung
Einstieg	z.B. Impulsfragen, Verweis auf Material	Warum werden die Kinder auf diese Weise zum Thema hingeführt?
	z.B. gemeinsame Entwicklung einer Fragestellung/Herausforderung	z.B. Verweis auf Möglichkeiten aktiver Teilhabe der Kinder am Entscheidungsprozess
Hauptteil	Vorgeplante Möglichkeiten der Unterstützung; Festlegung weiterführende Fragen und Impulse; Vertiefung neuer Bildungserfahrungen ermöglichen … Beschreibung der geplanten Interaktionen in einzelnen methodisch wechselnden Schritten	Die Begründung kann unter Verweis auf Kompetenzen, Bedürfnisse oder Vorerfahrungen, Entwicklungsstand der Kinder erfolgen. Besondere didaktische Überlegungen (z.B. Orientierung an didaktischen Prinzipien; Verdeutlichung indirekten methodisches Vorgehens)
	Überleitung zum Abschluss	
Abschluss	z.B. Feedback oder Zusammenfassung der Bildungserfahrungen, Ausklang, Aufräumen	Warum wird das Arrangement auf diese Weise abgeschlossen?

3 Literatur, Quellen

4 Anhang

z.B. Liedtexte, Spielanleitungen

Baustein N: Reflexion eines Lernarrangements

Die **Leitfragen** folgen der Struktur der Planung. Planung und tatsächliches Handeln werden einander gegenübergestellt. Bei einer Reflexion sollten die Aussagen begründet und durch beispielhafte Beobachtungen belegt werden.
Betrachten Sie die hier genannten Fragen als Anregung, nicht als Vorgabe, wählen Sie aus und ergänzen Sie ggf. durch eigene Fragestellungen.

1. Auswertung der didaktisch-methodischen Entscheidungen

1.1. Lern- und Handlungsgegenstand
- War der Lern- und Handlungsstand richtig gewählt, entsprach er den Interessen und Bedürfnissen der Kinder?
- Gliederte sich das Lernarrangement sinnvoll in die Bildungsarbeit der Einrichtung ein?
- Entsprachen Auswahl und Eingrenzung des Themas dem Entwicklungsstand der Kinder?
- Hätten die Kinder an der Auswahl des Lerngegenstandes noch stärker beteiligt werden können?

1.2. Sozialform
- War die Anzahl der teilnehmenden Kinder und die Zusammensetzung der Gruppe angemessen?

1.3. Kompetenzen
- Entsprach die in der Planung formulierten Kompetenzen den Möglichkeiten der Kinder? Kam es zu einer Über- oder Unterforderung einzelner Kinder oder der Gruppe?
- Welche Fähigkeiten und Fertigkeiten konnten die Kinder zeigen oder erproben?

1.4. Organisationsform
- Waren die Vorbereitungen ausreichend oder wurde etwas vergessen?
- Hat sich die Planung von Zeit, Raum und Material als sinnvoll erwiesen?

1.5. Interaktionen und Verfahrensschritte
- Wie haben sich die Kinder in den einzelnen Phasen verhalten?
- Wie habe ich auf das Verhalten der Kinder reagiert?
- Wie verlief die Kommunikation zwischen den Kindern und mir?
- Entsprach der tatsächliche Ablauf des Geschehens der Planung, oder musste ich kürzen, erweitern, variieren?
- Welche Wirkung hatten die gewählten Methoden auf die Kinder?
- Haben sich die gewählten Methoden als praktikabel und sinnvoll erwiesen?
- War das Arrangement methodisch abwechslungsreich angelegt?
- Wurden die Ideen und Vorschläge der Kinder ausreichend berücksichtigt?
- Wie bewerte ich mein Verhalten während der Durchführung des Arrangements?

2. Konsequenzen für die Planung und Durchführung künftiger Lernarrangements und für das eigene Verhalten

- Welche Erfahrungen habe ich gesammelt bezüglich des Verhaltens der Kinder?
- Gibt es Elemente der Planung, die man ändern sollte?
- Wurden Möglichkeiten der Partizipation ausreichend berücksichtigt?
- Welche Handlungen würde ich bei einer erneuten Durchführung des Arrangements in veränderter Form durchführen?
- Welche Kompetenzen konnte ich während der Durchführung zeigen?
- Welche Kompetenzen sollte ich im Praktikum entwickeln/weiterentwickeln?

____

____

____

Baustein O: Projektdarstellung

Nutzen Sie die genannten Punkte als Anregung, um Planung und Durchführung Ihres Projektes zu beschreiben. Treffen Sie eine für Ihr Projekt geeignete Auswahl und ergänzen Sie, falls notwendig.

1 Projektinitiative

Wie wird das Projektthema gefunden bzw. das Projektziel entwickelt?

- Beobachtungen, die zum Projektthema führen
- Situationen, aus denen im Gespräch mit den Kindern Ideen für ein gemeinsames Vorgehen entstehen
- Fragen oder nonverbalen Signale der Kinder, die ein besonderes Interesse an dem Thema verdeutlichen
- gezielte Befragung der Kinder zu ihren Vorstellungen und Ideen zu einem Thema
- konkrete Ideen und Anregungen, die von den Kindern eingebracht werden

2 Projektskizze

Art und Weise, wie das Projektziel, der Projektgegenstand/das Projektthema gemeinsam mit den Kindern entwickelt wird

- Auswahlmöglichkeiten der Kinder bei der Festlegung des Projektziels/-themas
- Mittel/Medien zur Veranschaulichung von Wahlmöglichkeiten
- Methoden, die gewählt wurden, um den Kindern eine Entscheidung zu ermöglichen, z.B. kindgerechte Formen der Abstimmung über das Projektziel/-thema
- Rolle der Eltern bei der Ziel-/Themenfindung
- Bezüge zum Gemeinwesen, zum Umfeld der Kita
- Anteil der Fachkräfte/des Teams an der Ziel-/Themenfindung und -entwicklung
- Bezug des Projektthemas zu den Bildungsleitlinien des Landes
- beteiligte Personen an der Entwicklung der Projektskizze
- Darstellung der zunächst offenen Projektskizze

3 Projektplanung

Wie wird das Projekt vorbereitet und geplant?

- Wie nennt sich das Projektziel bzw. wie lautet das Projektthema?
- organisatorische und zeitliche Rahmenbedingungen, die berücksichtigt und geklärt werden müssen
- vorläufige Handlungsschritte, zeitliche Abfolgen und Zuständigkeiten
- gemeinsame Reflexionsphasen, z.B. Kinderkonferenzen, zur Weiterentwicklung von Handlungsschritten
- didaktisch-methodische Vorüberlegungen zur Vorbereitung des Projektes
- Kompetenzen der Kinder, die durch das Projekt gestärkt oder entwickelt werden
- Inhalte oder Themen der Kinder, Inhalte und Themen der Fachkräfte
- Auswahlkriterien für die Festlegung von Inhalten von besonderer Bedeutung
- zeitlicher Rahmen für das Projekt
- Zuständigkeiten im Team
- Vorüberlegungen zur Gestaltung der Lernumgebung (Räume, Material u.a.)

- Methoden, die eingesetzt werden, um selbstgesteuerte Erfahrungen und Lernprozesse der Kinder zu unterstützen
- Darstellung des konkreten Projektplanes, in den die Vorüberlegungen und Vorbereitungen münden

4 Projektdurchführung
Wie wird das Projekt durchgeführt?

- Beschreibung des gemeinsamen Projektstarts
- geplante Aktivitäten, die stattgefunden haben; geplante Aktivitäten, die nicht stattgefunden haben (ggf. tabellarische Darstellung)
- Darstellung der Zusammenarbeit der Kinder
- Präsentation von Zwischenergebnissen und deren Auswertung
- Beschreibung des Interesses und der Motivation der Kinder in den einzelnen Phasen des Projektes
- ungeplante Frage- und Problemstellungen
- Beschreibung der Abweichungen von der Planung, z.B. zusätzliche Aktivitäten oder Aktionen, die kurzfristig notwendig wurden
- Kooperation im Team, ggf. Änderungen bei den Absprachen
- Änderungen des organisatorischen Rahmens, die notwendig wurden (Zeit, Raum, Material)
- Form der Dokumentation der Durchführung der gemeinsamen Aktivitäten > Kap. 8.2

5 Projektabschluss
Wie wird das Projekt abgeschlossen?

- Abschluss des Projektes laut Projektplan, ggf. Darstellung eines vorzeitigen Abbruchs des Projektes
- tatsächlicher Abschluss des Projektes (z.B. Einmünden des Projektes in den Kita-Alltag, Spielaktion oder Präsentation von Ergebnissen)
- gemeinsam mit den Kindern: Überprüfung, ob die festgelegte Zielsetzung erreicht wurde bzw. die Ausgangsfrage beantwortet wurde
- Rückmeldung durch die Teilnehmenden des Projektes
- Rückmeldung durch Eltern oder andere Personen aus dem Umfeld der Kita

Baustein P: Reflexion eines Projektes

Rückblickende, wertende Betrachtung des Projektes sowie die Überprüfung der eigenen Rolle und Kompetenzen. Die Fragen sind lediglich Anregungen, wählen Sie aus und ergänzen Sie ggf. durch eigene Fragestellungen.

Zur Projektinitiative

- Habe ich auf der Grundlage von Beobachtungen die Themen und Bedürfnisse der Kinder bewusst wahrgenommen und berücksichtigt?
- Habe ich Initiativen oder Anstöße der Kinder, ein gemeinsames Projektziel zu verfolgen, genügend berücksichtigt?
- Waren die Methoden in der Findungsphase angemessen? Gibt es andere Methoden, die eine noch stärkere Beteiligung der Kinder ermöglichen könnten?
- Aus welchen Gründen waren Anregungen, Impulse oder Hilfen durch mich oder andere Erwachsene notwendig?

Zur Projektskizze

- Welche *Inhalte* oder Themen wurden von den Kindern, welche von den Erwachsenen eingebracht?
- Gab es eine Vorauswahl durch die Fachkräfte?
- Habe ich die Kinder ausreichend unterstützt, selbst Informationsquellen oder Experten/-innen zur Beantwortung ihrer Fragen zu finden?
- Ließ die *Projektskizze* genügend Raum für Veränderungen und Abweichungen?

Zur Projektplanung

- Wurden die Initiativen und Anstöße, bestimmte Vorgehensweisen zu wählen oder bestimmte Medien/Materialien zu nutzen, von mir wahrgenommen und berücksichtigt?
- Welche Rolle hatte ich als Praktikant/-in bei der Planung des Projektes?
- Hatten die Kinder genügend Anschauung über den Ablauf, das Ziel des Projektes?
- Entsprach das *Thema* bzw. *Projektziel* dem Entwicklungsstand der Kinder?
- War der *Projektplan*, die Organisation von Raum, Zeit, Material, Zuständigkeit, sinnvoll?
- Ließ der Projektplan genügend Raum für entdeckendes, forschendes Lernen?

Zur Projektdurchführung

- Habe ich flexibel genug auf Vorschläge, Wünsche und Impulse der Projektteilnehmer reagiert?
- Aus welchen Gründen waren Abweichungen vom Plan notwendig?
- Habe ich oder haben die Fachkräfte Anregungen von außen aufgenommen und die Planung angepasst?
- Konnte ich angemessene Impulse setzen und das autonome und selbstgesteuerte Lernen einzelner Kinder und der Gruppe genügend unterstützen?
- Wurden die Ergebnisse von Besprechungen und Zwischenreflexionen mit den Kindern hinreichend berücksichtigt?
- Kann die Teamarbeit noch verbessert werden?
- Können externe Ressourcen noch stärker einbezogen werden?

Zum Projektabschluss

- Falls das Projekt nicht wie geplant abgeschlossen wurde, was waren die Gründe?
- Gab es Impulse für neue Projektideen?
- In welchem Verhältnis stehen rückblickend betrachtet Projektinitiative und -abschluss?
- Wie können Rückmeldungen aus der Abschlussphase für künftige Projekte genutzt werden?
- Konnten wesentliche Prinzipien der Projektmethode berücksichtigt werden?

Blick auf die Kompetenzentwicklung der Kinder

- Welche Kompetenzen konnten die Kinder während der Durchführung des Projektes zeigen bzw. weiterentwickeln?
  a) Wissen
  b) Fertigkeiten
  c) soziale Kompetenzen
  d) Selbstkompetenzen

Ausblick auf die eigene Kompetenzentwicklung

- Welche Kompetenzen konnte ich während der Arbeit mit der Projektgruppe zeigen bzw. weiterentwickeln?
- Welche Kompetenzen konnte ich im Rahmen der Teamarbeit und der Kooperation mit Externen zeigen?
- Gibt es Handlungsalternativen, die bei einem künftigen Projekt berücksichtigt werden sollten?
- Welche Kompetenzen sollte ich in einem künftigen Praktikum im Auge behalten?

7 Die Entwicklung im Praktikum reflektieren

Abb. 7.1 Reflektieren

Welche Bedeutung der Reflexion als beruflicher Kompetenz für die Entwicklung professionellen Handelns zukommt und wie eine differenzierte und tiefe Reflexion der pädagogischen Praxiszeiten im Praktikumsbericht dokumentiert werden kann, ist Inhalt dieses Kapitels.

<table>
<tr><th colspan="4">Kompetenzraster</th></tr>
<tr><td>Handlungsebene</td><td colspan="3">Die Praktikantin/der Praktikant reflektiert Erfahrungen im Praktikum, indem sie/er Praxissituationen, fachliches Wissen, berufsspezifische Fertigkeiten und Handlungskonzepte systematisch analysiert und kritisch die eigene Entwicklung und Haltung überprüft.</td></tr>
<tr><th colspan="2">Sachkompetenz</th><th colspan="2">Personale Kompetenz</th></tr>
<tr><td colspan="4">Ich kann …</td></tr>
<tr><th>Wissen</th><th>Fertigkeiten</th><th>Sozialkompetenz</th><th>Selbstkompetenz</th></tr>
<tr><td>… bereits vorhandene und noch zu entwickelnde ausbildungs- oder berufsspezifische Kompetenzen benennen.
… Fragen/Themen für eine fachlich ausgerichtete, differenzierte Reflexion benennen.
… individuelle Reflexionsthemen, die im Laufe des Praktikums entwickelt wurden, darstellen.
… ein Repertoire an Reflexionsmethoden benennen.
… biografische Anteile, die die berufliche Entwicklung beeinflussen können, aufzeigen.</td><td>… Reflexionsthemen strukturiert darstellen.
… ausbildungsspezifische Zielsetzungen des Praktikums mit tatsächlichen Erfahrungen und Entwicklungen abgleichen.
… Alternativvorschläge zu eigenen Vorgehens- und Handlungsweisen entwickeln.
… bei der Darstellung von Reflexionsprozessen zwischen beschreibenden, analysierenden und bewertenden Aussagen unterscheiden.
… Zusammenhänge zwischen wissenschaftlich begründetem Theoriewissen und praktischen Erfahrungen herstellen.
… unterschiedliche Methoden der Reflexion für die eigene berufliche Entwicklung anwenden.</td><td>… Situationen und Vorgänge aus dem Praktikum rückblickend mit der Anleitungsperson oder im Team besprechen.
… Wahrnehmungen anderer Fachkräfte bei der Reflexion eigener Verhaltensweisen berücksichtigen.
… mir im Rahmen von Beratung Hilfe holen und mich im Rahmen eines kollegialen Austausches an Diskursen aktiv beteiligen.
… von eigenen Vorstellungen abweichende pädagogische Vorstellungen tolerieren.</td><td>… die eigene Fähigkeit und Bereitschaft, auf die Gefühle und Empfindungen von Kindern einzugehen, reflektieren.
… auf Feedback und Verbesserungsvorschläge zum Verhalten während des Praktikums angemessen reagieren.
… Hinweise, Vorschläge und Veränderungswünsche von Anleiter/-in oder Mitarbeitenden kritisch überprüfen.
…. mein Bild vom Kind deutlich machen und begründete Vorstellungen von päd. Arbeit in der Kita entwickeln.
… meine eigene Position zu päd. Handlungsweisen und zum päd. Ansatz in der Einrichtung angemessen deutlich machen.
… meine eigene Haltung hinterfragen und ggf. alternative Vorstellungen zu bisherigen Positionen entwickeln.
… Fremdeinschätzungen zu meiner eigenen Entwicklung selbstkritisch überprüfen.
… Verbesserungsvorschläge in Bezug auf das eigene pädagogische Verhalten entwickeln.
… bei bestimmten Reaktionsmustern im Interaktionsprozess Verknüpfungen zu biografiebedingten Anteilen herstellen und Schlussfolgerungen für das eigene Handeln daraus ableiten.
… eigene Perspektiven für die weitere Ausbildung bzw. berufliche Tätigkeit entwickeln.
…. selbstkritisch meine Eignung für das Arbeitsfeld überprüfen.</td></tr>
</table>

7.1 Reflexion als Basis professionellen Handelns

Reflexion im pädagogischen Kontext beinhaltet kurzgefasst: pädagogische Prozesse sowie das pädagogische Handeln rückblickend zu überdenken, zu analysieren und kritisch zu hinterfragen. Als Ergebnis der *Abschlussreflexion im Bericht* können Sie Erkenntnisse zur Verbesserung des weiteren pädagogischen Handelns gewinnen und Ihre pädagogische Haltung weiterentwickeln. Wie im > Kap. 3 bereits deutlich wurde, bestimmt die Reflexion im Idealfall das Praktikum von Beginn an.

> Kap. 3

Vervollständigt wird Ihr Lernprozess durch die Übertragung und Überprüfung theoretischer Erkenntnisse. Diese werden im Praktikum in Bezug zu den praktischen Erfahrungen gesetzt. Um diesem Aspekt in der Ausbildung Rechnung zu tragen, wird das Praktikum auch als *reflexives Praktikum* bezeichnet (vgl. Pfister 2017, S. 130 nach Herzog 1995).

Reflexion ist als zentrales Element im beruflichen Handeln notwendig, um eine *berufliche Identität* zu entwickeln. Deswegen ist die Reflexion nicht nur als Pflichtaufgabe zu sehen, die es abzuarbeiten gilt, sondern als unabdingbare Notwendigkeit. Sie führt zu mehr Handlungssicherheit und Souveränität im pädaogischen Alltag.

In der Reflexion sind Sie aufgefordert, sich selbst mit Neugierde zu begegnen. Gerade in der Arbeit mit Kindern ist die Bewahrung der eigenen Neugier, d. h. sich eine Lebendigkeit im Denken, Erleben und Handeln zu erhalten, bedeutsam. So kann es Ihnen gelingen, ein Spiegel zur welterkundenden Neugier der Kinder zu werden (vgl. Schulz 2021).

Reflexion stößt Veränderungsprozesse an und durch Reflexion können Sie sich Ihrer Selbstwirksamkeit bewusst werden. So kann es neben fachlicher Weiterentwicklung auch gelingen, Ängste zu überwinden, Fehler zu entdecken sowie zukünftig zu verhindern. Im Praktikumsbericht werden zum einen Ergebnisse der Reflexion dargelegt. Deutlich werden sollte zum anderen ein Reflexionsprozess, der das gesamte Praktikum begleitet hat.

Um Ihren Lern- und Entwicklungsprozess durch Reflexion für Außenstehende erkennbar zu machen, haben Sie zu Beginn des Praktikums eigene Fragen entwickelt und auf diese im Laufe des Praktikums vielleicht Antworten gefunden. Möglicherweise haben sich daraus auch wieder neue Fragen ergeben.

7.1.1 Ebenen des Reflexionsprozesses

Es gilt zu überprüfen, ob sich gewonnene Eindrücke im Laufe des Praktikums bestätigen oder ob sich durch neue Beobachtungen oder Erfahrungen eine veränderte Sichtweise ergibt. Reflexionskompetenz zeigen Sie im Bericht durch eine differenzierte Darstellung des Lernprozesses, der die verschiedenen Anforderungsbereiche einer pädagogischen Fachkraft auf zwei Ebenen beleuchtet.

Als Praktikant/-in können Sie in der Regel noch nicht auf vielfältigem Erfahrungswissen aufbauen. Das bedeutet, Ihr Lernzuwachs ergibt sich aus der Reflexion Ihrer Erfahrungen und aus indirekt vermittelten Erfahrungen (z. B. Beobachtung des Verhaltens päd. Fachkräfte).

1. Ebene: Das planbare pädagogische Handeln reflektieren

Die Reflexion nimmt den gesamten Arbeitsprozess in den Blick. Sie ermöglicht neben der stetigen Verbesserung der eigenen Praxis eine Fehler-Ursachen-Analyse und einen Ausblick auf das zukünftige Handeln.

Beispiel Morgenkreis

Für die Gestaltung des Morgenkreises hat die Kita den Arbeitsprozess standardisiert. Jede Fachkraft ist angehalten, sich an einen im Team vereinbarten Ablauf zu halten. Hierzu gehört es, ein Lied zu singen, die Anwesenheit zu überprüfen, indem ein Kind die anwesenden Kinder durchzählt und fehlende Kinder benennt. Der Wochentag und das Datum werden geklärt, Aufgaben verteilt etc.

Die Absprachen führen zu einer Praxisroutine, die vermeintlich richtiges Handeln impliziert. Lediglich das Checken der im Prozess formulierten Standards ist notwendig.

Die Einhaltung dieser Standards ist für alle im Rahmen einer Reflexion überprüfbar – auch für die Praktikantin: Inwieweit habe ich alltäglich ablaufende Prozesse im Praktikum begleitet und mitgetragen? Reflexionskompetenz geht über die reine Überprüfung des Geplanten in Form eines Ist-und-Soll-Abgleichs hinaus. Dies wäre lediglich eine eindimensionale Reflexion im Sinne eines pragmatisch-funktionalistischen Kompetenzverständnisses (vgl. Pfister 2017, S. 131). Sie sollten in Ihrem Bericht daher die genannten Abläufe nicht nur beschreiben, sondern die Abläufe auch aus einem eigenen Standpunkt heraus kritisch reflektieren – welche der genannten Routinen sind aus Ihrer Sicht sinnvoll, welche aus pädagogischer Sicht begründet, welche eher nicht? Um diese Frage zu beantworten, ist die Einbeziehung identitätsbezogener und motivationaler Komponenten unabdingbar.

2. Ebene: Reflexion der Haltung und professionellen Identität

Diese zweite Ebene der Reflexion muss im Bericht sichtbar werden. Sie wird erkennbar durch die kritische Darstellung der eigenen Erfahrungen. Beschreiben Sie Ihre eigenen Vorstellungen von einer qualitativ wertvollen pädagogischen Arbeit und berücksichtigen Sie dabei die Perspektiven anderer beteiligter Personen. Die Reflexion der eigenen Haltung und des eigenen Auftretens gegenüber den Kindern, den Eltern und dem Team führt in zunehmendem Maße zu Sicherheit in Ihrem Handeln.

Beispiel

Es ist Montag. Das Wochenende war bestimmt durch regnerisches, nasskaltes Wetter. Viele der Kinder sind sehr unruhig. Es braucht eine Weile, bis alle wirklich auf ihren Stühlen im Kreis sitzen. Die Praktikantin wurde aufgefordert, den Morgenkreis während dieser Woche täglich zu leiten, unter Berücksichtigung des standardisierten Prozesses. Bereits beim Singen des Liedes „albern" mehrere Kinder herum und beginnen, sich gegenseitig abzulenken. Das anschließende Durchzählen muss zweimal neu gestartet werden, weil es immer wieder zu Ablenkungen kommt. Mit viel Anstrengung schließt die Praktikantin den Morgenkreis ab. Der Erzieherin gegenüber, die mit im Kreis saß, äußert sie später, nun unsicher zu sein, ob es an ihr lag, dass es eine solche Unruhe gab und die Atmosphäre wenig Konzentration zuließ und dass sie am liebsten den Morgenkreis abgebrochen hätte.

Im Rahmen der Reflexion ist es wichtig, im Austausch mit anderen über das eigene Verhalten und mögliche Ursachen für Vorgänge nachzudenken. Hier könnte sich die Praktikantin z.B. die Frage stellen, ob es überhaupt sinnvoll ist, einen Morgenkreis in einer solchen Atmosphäre stattfinden zu lassen. Theoretische Überlegungen z. B. über die Bedeutung von Routinen, Ritualen, über die Bedeutung von Gemeinschaftserfahrungen in der Gruppe können abgeglichen werden mit der realen Situation. Die Praktikantin kann Handlungsalternativen entwickeln, indem sie sich z. B. fragt, warum sie nicht darum gebeten hat, den Morgenkreis ausnahmsweise einmal nicht stattfinden zu lassen oder zunächst mit einem Bewegungsspiel zu beginnen. Auch lohnt es sich, darüber nachzudenken, ob an diesem Tag vielleicht die erfahrenere Erzieherin den Morgenkreis hätte durchführen können.

Überprüfen Sie als Praktikant/Praktikantin, wie Sie zu den täglichen Abläufen in der Einrichtung stehen.

Die Erfahrungen und die Analyse der Gegebenheiten hinsichtlich Rahmenbedingungen und Gruppe (> Kap. 4 und 5.3) können eine gewisse Sicherheit geben. Doch selbst erfahrene Fachkräfte werden im pädagogischen Alltag immer wieder Situationen erleben, die nicht nur durch regelmäßig wiederkehrende Prozesse bestimmt sind, sondern ein Reagieren auf Unvorhersehbares und ein flexibles Eingehen auf das aktuelle Geschehen erfordern. Der Ablauf des Morgenkreises ist zwar planbar, nicht jedoch das Verhalten und das Reagieren der Individuen, die hier aufeinandertreffen.

> Kap. 4
> Kap. 5.3

Es ist die **eigene Haltung**, die Sie wie ein Kompass sicher durch schwer berechenbare oder schwierige Situationen leitet. Im Zentrum dieser Haltung stehen Einstellungen, Überzeugungen und Werte. Haltung wird bereits früh geprägt und entwickelt sich lebenslang (vgl. Halfmann 2023, S. 21). Damit diese Haltung auch Sicherheit gibt und ein für sich selbst und andere annehmbares Verhalten hervorbringt, ist es notwendig, an dieser Haltung zu arbeiten. Dies impiziert auch eine Reflexion der eigenen Motive und Befindlichkeiten.

Manche Kinder der Gruppe sind nach einem Schlechtwetterwochenende vielleicht unruhig, weil sie körperlich unausgelastet sind, andere versuchen, ihre Wochenendeindrücke und Eindrücke im lauten Gespräch mit den anderen Kindern zu verarbeiten. Aber auch Sie selbst sind nicht jeden Tag gleich gut gestimmt. Auch Ihnen könnte die Bewegung fehlen oder Sie könnten unausgeschlafen sein. Dieses Befinden führt möglicherweise dazu, weniger geduldig zu sein, Ihre Stimme klingt vielleicht lauter und ein wenig unfreundlich. Möglicherweise vergeben Sie Aufgaben an die Kinder, von denen Sie wissen, dass sie diese schnell erfüllen werden. Kinder, die etwas sagen möchten, übersehen Sie vielleicht, weil Sie zügig mit dem Morgenkreis fertig werden möchten. Beziehen Sie sich selbst als Person in den Reflexionsprozess ein und betrachten Sie das eigene Verhalten selbstkritisch.

Betrachten Sie in Ihrer Reflexion sowohl positive als auch negative Aspekte der erlebten Praxis. Schenken Sie unangenehmen Erfahrungen aber nicht zu viel Beachtung, vermeiden Sie eine Negativspirale im Denken.

Im Rahmen der Reflexion sollten Sie außerdem eine kritische Haltung einnehmen gegenüber den Bedingungen, die das eigene Handeln bestimmen, gegenüber institutionellen Vorgaben (z.B. räumlichen und materiellen Voraussetzungen, Rollen- und Aufgabenverteilungen), letztlich auch gegenüber gesellschaftlichen Erwartungen an die Berufsrolle.

Für den Bericht ist es wichtig, die Reflexion zu systematisieren und zielgerichtet vorzugehen. So kann es gelingen, die Bewältigung von Schwierigkeiten oder Krisen zu beschreiben und das eigene Verhalten zu begründen.

7.2 Inhalte und Struktur der Reflexion

Die möglichen Reflexionsinhalte, die Sie im Rahmen des Berichtes darstellen können, sind so vielschichtig wie der Mensch in seiner Individualität hinsichtlich Fühlen, Denken und Handeln. Wenn Sie von Beginn des Praktikums an, wie im > Kap. 3 empfohlen, Erfahrungen, Gedanken, Gefühle, Fragen dokumentiert haben, fällt es nun umso leichter, am Ende Reflexionsergebnisse festzuhalten. Der Reflexionsteil im Bericht sollte auf Ihren subjektiv wahrgenommen Lernprozess ausgerichtet sein, der auch bei gleicher Aufgabenstellung bei jeder Praktikantin/jedem Praktikanten unterschiedlich verläuft. In diesem Kapitel erhalten Sie Anregungen, wie Sie Ihre Reflexionsergebnisse zusammenfassen können.

> Kap. 3

7.2.1 Inhaltliche Anregungen zur Reflexion

Je freier die Vorgaben zu den Berichtsinhalten sind, desto mehr stehen Sie vor der Herausforderung, selbst Schwerpunkte zu zu setzen und Inhalte auszuwählen (> Kap. 3.2).

> Kap. 3.2

Nachdenken erfordert eine Atmosphäre, in der Sie frei sind, Gedanken schweifen zu lassen, aber auch zu filtern, zu kanalisieren, zu fokussieren. Eine kreative Methode, die Ergebnisse dieses Nachdenkens zu erfassen und Fragen sowie Themen weiterzuentwickeln, ist die Gestaltung einer *Mindmap*. Sie kann für die Darstellung vielfältiger Aspekte der Reflexion nützlich sein, da sie basierend auf einem Ausgangsgedanken unterschiedliche Facetten und eine vielförmige Verzweigung Ihrer Ideen aufzeigen kann. Zudem ermöglicht der Einbau von Bildern, Verknüpfungen und weitere Inhalte des Gedankenprozesses festzuhalten und erkennen zu lassen.

> Baustein Q: Reflexionshilfe Mindmap

> Baustein Q

Mögliche Reflexionsinhalte

Reflexion …	Beispielinhalte
… konkreter Aufgaben und selbstgewählter Schwerpunkte	Durchführung und Auswertung von • Beobachtungen • Gestaltung von Bildungsangeboten und Projekten/Durchführung des Morgenkreises • Übernahme konkreter Aufgaben wie z. B. den Mittagstisch begleiten
… einzelner Situationen und Erfahrungen	• Gegenüberstellung und Abgleich von Theoriewissen mit Erfahrungswissen durch Situationen, die einen besonders deutlichen Theorie-Praxis-Bezug haben • Situationen, die mit besonders viel Freude/Frustration/Lernzuwachs verknüpft sind, die Ihnen möglicherweise Ihre Grenzen aufgezeigt haben. • Situationen, die das Finden neuer Lösungsansätze verdeutlichen
… der Kompetenzentwicklung	• Überprüfung der im Praktikum erworbenen und weiterentwickelten Kompetenzen (> Baustein E) • Aufzeigen von Kompetenzlücken • Verdeutlichung der weiteren Zielsetzung
… der eigenen Rolle/ Haltung/beruflichen Identität	• Überprüfung der Fähigkeit, Grenzen zu setzen und konsequentes Handeln zu zeigen • Überprüfung der Vorbildrolle • Überprüfung der eigenen Werte und Vertretung der Haltung nach außen

Reflexion konkreter Aufgabenstellungen und Schwerpunktsetzungen

Die einzelnen Kapitel dieses Buches haben Ihnen bereits eine Reihe von möglichen Aufgabenstellungen und Schwerpunktsetzungen gezeigt. Nicht alle Punkte können bearbeitet werden – es ist eine Auswahl zu treffen. Entscheiden Sie sich für jene Inhalte, an denen Sie die eigene Entwicklung aufzeigen können. Interessant sind auch Themen, die in der Praxis mit überraschenden Erkenntnissen verknüpft werden konnten.

Achten Sie in ihren Ausführungen auf eine differenzierte Darstellung und vermeiden Sie Pauschalaussagen. Es reicht z. B. nicht, zu schreiben: ‚Die Beobachtung ist mir gelungen, weil ich das Kind besser kennengelernt habe und ich eine altersgemäße Entwicklung feststellen konnte.' Sie sollten auch konkrete Beobachtungsergebnisse benennen können, die Ihre Einschätzung belegen.

Haben Sie im Praktikum ein neues Beobachtungsinstrument kennengelernt und selbst ausprobiert, lässt sich die Reflexion dazu folgendermaßen aufgliedern:

- Das Beobachtungsinstrument kurz beschreiben oder auf eine Darstellung – aus Platzgründen- im Anhang verweisen.
- Die Praktikabilität des Instrumentes im Alltag analysieren.
- Die eigene Meinung zu Nutzungsmöglichkeiten des Instrumentes darstellen und begründend bewerten.
- Kompetenzen herausstellen, die durch die neue Erfahrung erweitert bzw. erworben wurden.
- Alternativen zum Beobachtungsinstrument aufzeigen oder Veränderungsvorschläge unterbreiten.

Erst die Analyse und eigene Stellungnahme verdeutlichen einen tiefergehenden Lernprozess.

Reflexion einzelner Situationen

Situationen, an denen Sie ihr professionelles Verhalten entwickeln können, gibt es im Kita-Alltag viele. Soweit keine Vorgaben gemacht werden, kann die Auswahl entsprechend schwerfallen. Stellen Sie sich **Fragen**, um eine Entscheidung zu treffen:

- In welcher Situation war ich emotional stark gefordert, weil ich z. B. verärgert, enttäuscht, euphorisch, traurig, hilflos war? Die emotionale Verknüpfung verstärkt die Aufmerksamkeit und Motivation, sich mit der Situation auseinanderzusetzen, und regt Lernprozesse an.
- Gibt es eine Situation, in der ich mir bezüglich des Verhaltens des Kindes besondere Fragen gestellt habe oder ich unsicher war hinsichtlich meiner Reaktion?
- Welche Situation kann ich mit dem Erlernen bzw. Ausbauen einer konkreten Kompetenz verknüpfen?
- Gibt es Situationen, die einen Theorie-Praxis-Bezug verdeutlichen?
- Gibt es Situationen, die ich vermeide? Bieten sie Ansatzpunkte, um Ängste oder innere Blockaden zu überwinden?

Die Praxisanleitung kann Sie ggf. darin unterstützen, geeignete Situationen für die Abschlussreflexion zu finden und eine Auswahl zu treffen.

Die Schritte, in denen Sie eine Situation analysieren, um Ihren Lernprozess darzustellen, sind vergleichbar mit der Schrittfolge zur Analyse und Bearbeitung von Lernsituationen.

Reflexion einer Situation	
Schritt	Mögliche Fragen (Beispiele)
Beschreiben Sie kurz die Situation.	Was ist wann und wo passiert? Was habe ich wahrgenommen? Wer war beteiligt? Wie haben sich die Personen verhalten? Wie habe ich mich verhalten?
Analyse der beteiligten Personen und des eigenen Verhaltens	Wie sehen die Beteiligten die Situation bzw. wie könnten die Beteiligten die Situation wahrgenommen haben? Gibt es ein Ziel, dass mit dem gezeigten Verhalten verfolgt wurde? Welche Emotionen wurden sichtbar? Welche Gründe oder Ursachen könnte das Verhalten haben? Welche Kompetenzen konnte ich zeigen? Wurden Schwächen/Stärken deutlich? Welche fachtheoretischen Bezüge sind zu erkennen?
Welche Fragen stelle ich mir?	Welche anderen Lösungen wären möglich gewesen? Gibt es Handlungsalternativen? Was für Methoden könnte ich einsetzen und wie und wann kann ich diese einüben?
Beantwortung der Fragestellung	Inhaltliche Vorschläge machen, Handlungsvorschläge unterbreiten, mögliche fachlich begründete Erklärungen für ein bestimmtes Verhalten darlegen
Fazit/Ausblick	Wie würde ich in einer weiteren ähnlichen Situation vorgehen? Welche Kompetenzen konnte ich ausbauen?

Reflexion der Kompetenzentwicklung

Eine weitere Möglichkeit besteht darin, sich an Kompetenzen zu orientieren. Die in den einzelnen Kapiteln zu Beginn dargestellten > Kompetenzauflistungen (*Kompetenzraster*) bieten Ihnen eine Fülle von Auswahlmöglichkeiten.

Wählen Sie Kompetenzen, deren Entwicklung in Ihrem Praktikum im Mittelpunkt standen. Diese können durch die Nutzung einer Kompetenztabelle übersichtlich dargestellt werden.

> Baustein R: Überprüfung einzelner Kompetenzen

Überprüfen Sie die Kompetenzen, die Sie zu Praktikumsbeginn formulierten (> Kap. 3). Machen Sie an Praxisbeispielen deutlich, inwieweit Sie diese in der Praxis zeigen konnten (Performanz).

Wählen Sie Bereiche aus, in denen ein Lernfortschritt erfolgte, oder zeigen Sie Bereiche auf, in denen in Zukunft noch Entwicklung stattfinden sollte. Greifen Sie auf Kommentierungen zurück, die Sie sich im Laufe der Praxiswochen zu Ihrer Kompetenzentwicklung gemacht haben. Überprüfen Sie in der abschließenden Reflexion einzelne Kompetenzen – achten Sie darauf, auch diese differenziert zu reflektieren.

Beispiel

Sie sollten beim Schreiben des Berichtes z.B. nicht einfach betonen, dass Sie das Ziel, für die Kinder ein Vorbild zu sein, erreicht und damit einen Teil Ihrer Selbstkompetenz weiter ausgebaut haben. Beantworten Sie weitergehende Fragen wie: Wie ist es mir gelungen, mich als Vorbild zu zeigen? Durch welche Verhaltensweisen konnte ich mich als Vorbild zeigen? Wie viele der Kinder haben mich als Vorbild akzeptiert/nicht akzeptiert und woran lag das? Was bedeutet es, Vorbild zu sein? Was verstehe ich unter einem guten Vorbild für die Kinder? Welches Theoriewissen kann ich anwenden bzw. ist hier hilfreich? Welche Werte möchte ich als Vorbild vermitteln? …

Eine Gesamtschau auf Ihre Kompetenzentwicklung bietet Ihnen > Baustein S: Überprüfung der Kompetenzentwicklung im Praktikum.

> Baustein S

Reflexion der eigenen Rolle/Haltung/beruflichen Identität

Von besonderem Gewicht sind Themen, die die Motivation für den Beruf und Ihre berufliche Haltung betreffen. Worin wurden Sie im Laufe des Praktikums bestärkt oder auf welche Weise hat sich Ihre Haltung verändert?

Eine erste Orientierung kann der Rückbezug zum Beginn des Praktikums geben. Ggf. haben Sie bereits einen Start- oder Hospitationsbericht geschrieben, Ihre Motivation dargelegt, Erwartungen und persönliche Zielsetzungen für das Praktikum formuliert.

Beispiel

Reflexion der Motivation zur Einrichtungsauswahl (vgl. erstes Kompetenzraster > Kap. 3*).*

> Kap. 3

Was war mein erster Eindruck am Hospitationstag? Wurde der erste Eindruck im Laufe des Praktikums bestätigt? Gab es neue Beobachtungen oder Erfahrungen, die meine Sichtweise verändert haben? Aus welchen Gründen hatte ich die Einrichtung gewählt und konnte ich meine Motivation durchgehend erhalten? Wer oder was hat dazu beigetragen, dass ich lernen konnte oder mich wohl gefühlt habe in der Einrichtung? Worüber bin ich gestolpert? Wie war meine Motivation zum Ende des Praktikums?

Eine sichere berufliche *Haltung* entwickeln Sie zunehmend durch ein souveränes Rollenhandeln. Dazu gehört es auf der einen Seite, notwendige Erwartungen zu erfüllen. Dazu gehört es aber auch, auf nicht adäquate Erwartungen angemessen zu reagieren, sie gegebenenfalls auch zurückzuweisen.

Bei der Darstellung Ihrer Rolle im Bericht sollten Sie eine Perspektive einnehmen, aus der Sie Ihre Rolle „von außen" betrachten. Sie zeigen *Rollendistanz*, indem Sie verdeutlichen, welche unterschiedlichen Erwartungen in einer konkreten Situation im Praktikum an Sie gerichtet wurden. Vielleicht erwarten die Kinder, dass Sie ein gerade begonnenes Spiel mit ihnen zu Ende spielen, die Anleiterin aber, dass Sie den Übergang zum Frühstück einleiten. Es erfordert Empathie, sich in die Erwartungshaltung anderer Personen einzufühlen. Im Beispiel Morgenkreis passt es nicht zu der Situation, den Konflikt sofort zu thematisieren, in einem späteren Gespräch mit der Anleitung kann die Praktikantin/der Praktikant jedoch die Situation erneut schildern und die eigene Haltung verdeutlichen. Vielleicht finden Sie eine Situation in Ihrem Praktikum, die sich dazu eignet, Ihr eigenes souveränes Rollenhandeln im Bericht darzulegen.

Das Rollenmodell im >Kap. 4.5 bietet einen Ansatz, das eigene Verhalten in Teilbereichen der Berufsrolle analytisch zu betrachten. Die unterschiedlichen Erwartungen lassen sich mithilfe des >Baustein T: Die Rolle des Praktikanten/der Praktikantin im Spektrum unterschiedlicher Erwartungen analysieren.

>Kap. 4.5
>Baustein T

7.2.2 Den Reflexionsteil im Bericht strukturieren

An den bisherigen Ausführungen wird deutlich, dass die schriftliche Darstellung von Reflexionen sehr umfangreich werden kann. Die zur Verfügung stehende Seitenzahl ist begrenzt. Die Herausforderung beim Schreiben besteht darin, einerseits die Fähigkeit zum vertiefenden Nachdenken zu zeigen und andererseits Lernprozesse und Reflexionsergebnisse aussagekräftig und übersichtlich darzustellen.

Beim Schreiben des Berichtes haben Sie zwei Möglichkeiten:

- durchgängiger Wechsel von beschreibenden und analysierenden/reflektierenden Abschnitten
- Aufteilung des Berichtes in einen beschreibenden Teil und in einen eigenen Reflexionsteil, in dem das zuvor Beschriebene genauer analysiert und bewertet wird

Anregungen zu Inhalten und Gliederung des Reflexionsteils können dem >Baustein U: Auswahlhilfe zur Gliederung des Reflexionsteils im Bericht und dem >Baustein V: Leitfragen zur Reflexion der Erfahrungen im Praktikum entnommen werden.

Beispiele, wie sich der Reflexionsteil des Berichtes in den Gesamtbericht einfügt, finden Sie in >Kap. 3, Baustein F: Gliederungspunkte eines Praktikumsberichtes.

>Baustein U
>Baustein V
>Baustein F

7.2.3 Rückmeldungen zur Reflexion

Auch wenn die Sie im Praktikum anleitende Person nicht dafür verantwortlich ist, die dokumentierten Reflexionsergebnisse zu beurteilen, ist es für Sie hilfreich, wenn diese eine qualifizierte Rückmeldung gibt, bevor Sie den Bericht an die beurteilende Person weiterleiten. Eine Rückmeldung zu Ihrem Bericht wie „Das hast du gut gemacht", „es hat Spaß gemacht, das zu lesen", „tolle Arbeit", „erstaunlich, was du schon alles kannst" oder „ich finde das in Ordnung" ist ein bestärkendes Feedback. Konkreteres Feedback lässt sich durch weiteres Nachfragen einholen: Was im Einzelnen habe ich gut gemacht? Wieso hat es Spaß gemacht, den Bericht zu lesen? An welchen Stellen stimmt die Fremdwahrnehmung mit der Selbstwahrnehmung überein?

Eine *Orientierungshilfe für eine qualifizierte Rückmeldung zum Bericht* finden Sie im gleichnamigen > Baustein W.

> Baustein W

Checkliste Abschlussreflexion

Abschlussreflexion	Bemerkungen	✓
Welche Aspekte zu Institution und Konzeption möchte ich reflektieren?		
Die Begegnungen und Interaktionen mit welchen Personen oder Personengruppen möchte ich reflektieren?		
Welche Aspekte der Wahrnehmung und Beobachtung von Kindern/der Gruppe möchte ich reflektieren?		
Gibt es Lernarrangements oder Projekte, deren Planung und Durchführung ich reflektieren möchte?		
Habe ich überprüft, ob ich meine gesetzten Ziele erreicht habe?		
Welche Aspekte meiner Rolle im Praktikum möchte ich reflektieren?		
Welche Perspektiven für meine weitere Entwicklung möchte ich darstellen?		

Baustein Q: Reflexionshilfe Mindmap

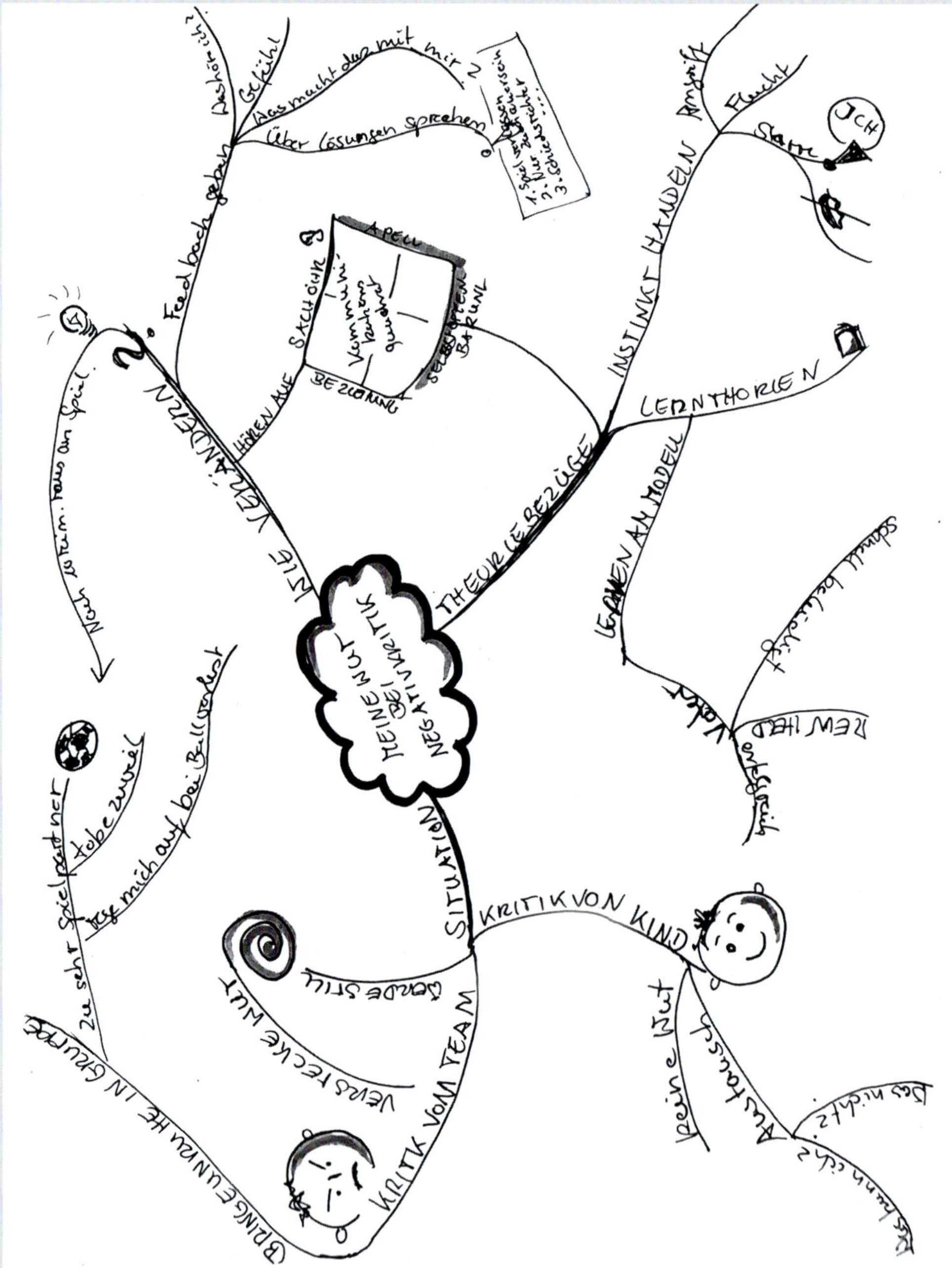

Selbst erstellte Mindmap als Reflexionshilfe – Beispiel aus einem Praktikum in der Kita

Baustein R: Überprüfung einzelner Kompetenzen

Erstellen Sie eine eigene Legende zur Darlegung Ihrer Kompetenzentwicklung. Wählen Sie Kompetenzen aus, die Sie in den Fokus der Reflexion rücken möchten. Nachfolgend ein Beispiel aus der Praxis.

Hintergrund-Legende:

Roter Hintergrund:	Kompetenzen, an denen ich gezielt gearbeitet habe
Grüner Hintergrund:	Kompetenzen, die ich aus meiner Sicht bereits beherrsche

Schriftfarben:
Die zeitliche Dimension in der Kompetenzentwicklung wird hier durch unterschiedliche Farbwahl in der Schrift kenntlich gemacht: blau = Stand zu Beginn des Praktikums; Pink = Stand zum Ende des Praktikums.

Handlungsebene	Die Praktikantin gestaltet die pädagogische Beziehung zu Kindern und Gruppen bewusst, arbeitet mit an der Erziehungs- und Bildungspartnerschaft mit Eltern und kooperiert im Team und in Netzwerken		
Sachkompetenz		Personale Kompetenz	
Die Praktikantin kann …			
Wissen	**Fertigkeiten**	**Sozialkompetenz**	**Selbstkompetenz**
… die Kinder in ihrem Einsatzgebiet mit Namen ansprechen. • Ich habe ein gutes Namensgedächtnis und schaffe es, alle Namen nach drei Tagen zu benennen. … Kommunikationsmodelle beschreiben • Ziel: Botschaften auf unterschiedlichen Seiten einer Nachricht einordnen und entschlüsseln, weil ich zu sehr auf dem Appellohr höre. • Es gelingt mir jetzt gut (>Beispielreflexion im Bericht S. xx). Meine Anleiterin hat dies bestätigt. Ziel jetzt: Auf der Sachebene zu reagieren. … weiß um Theorien zu Gesprächsführung und Konfliktbewältigung. … kennt Kooperationspartner der Einrichtung. …	… Kinder sowie Eltern aktiv begrüßen und verabschieden … die Anwesenheit der Kinder überprüfen und dokumentieren. • Das ist mir von Beginn an gelungen. Vor allem durch das schnelle Erlernen der Namen. Dies erleichterte es mir auch, ins Gespräch zu kommen, sodass ich schnell eine Beziehung aufbauen konnte. …	… auf der Basis feinfühligen Verhaltens eine vertrauensvolle Beziehung zu Kindern aufbauen. … im Bedarfsfall in Konfliktsituationen eingreifen und Kindern Raum für eigene Lösungen geben. …	… eine professionelle Balance zwischen Nähe und Distanz zu den Kindern halten. • Im letzten Praktikum habe ich distanzlosen Kindern keine Grenzen setzen können. … die eigene Fähigkeit zu responsivem Verhalten reflektieren. … mich aktiv in Teambesprechungen einbringen. • Es gelingt mir, mich vorzustellen und Antworten auf direkte Fragen zu geben. Meine eigene Meinung einzubringen (vor allem fachlich begründet) fällt mir noch schwer. …

Baustein S: Überprüfung der Kompetenzentwicklung im Praktikum

[Listen Sie in einer Tabelle Kompetenzen auf, die Sie im Praktikum zeigen konnten oder neu erworben haben. Formulieren Sie selbst und nutzen Sie ggf. die Kompetenzraster in den > Kapiteln 3 bis 7 als Ideengeber und Formulierungshilfe. Berücksichtigen Sie die Ziele und Schwerpunkte, die Sie sich zu Beginn des Praktikums gesetzt haben (> Kap. 3).

Achten Sie bei der Auflistung darauf, unterschiedliche Bereiche (Wissen, Fertigkeiten, Sozial- und Selbstkompetenz) zu berücksichtigen.

Kreuzen Sie an, inwieweit Sie in der Praxis die genannten Kompetenzen zeigen konnten (Performanz).

Im Reflexionsteil Ihres Berichtes können Sie auf die Tabelle zurückgreifen und Ihre Kompetenzentwicklung ausführlicher darstellen und mit Praxisbeispielen belegen.]

Fachkompetenzen

Ich verfüge über neues **Wissen**, ich kann …	In Ansätzen	Zum größten Teil	Vollständig	**Beispiele aus der Praxis**, die das verdeutlichen
… die Namen der Kinder in meiner Gruppe nennen.			X	Ich habe in den letzten Wochen meines Praktikums im Freispiel jedes Kind mit seinem Namen ansprechen können.
…				

Ich verfüge über praktische **Fertigkeiten**, ich kann …	In Ansätzen	Zum größten Teil	Vollständig	**Beispiele aus der Praxis**, die das verdeutlichen
… eine gemeinsame Aktivität mit den Kindern anleiten.		X		Ich habe regelmäßig mit den Kindern im Abschlusskreis am Vormittag das Lied „Der Morgen geht zu Ende" angekündigt und gemeinsam mit den Kindern gesungen.
…				

Personalkompetenzen

Sozialkompetenz Ich verfüge über **Sozialkompetenzen**, ich kann …	In Ansätzen	Zum größten Teil	Vollständig	**Beispiele aus der Praxis**, die das verdeutlichen
…mich in Kinder einfühlen und meine Empathie ausdrücken.		X		Ich habe Kindern, die sich z.B. beim Spiel im Außengelände im Konflikt mit anderen Kindern befanden, aktiv zugehört und ihnen Raum gegeben, ihre Gefühle auszudrücken.
…				

Ich verfüge über **Selbstkompetenzen**, ich kann …	In Ansätzen	Zum größten Teil	Vollständig	**Beispiele aus der Praxis**, die das verdeutlichen
… eigene Vorstellungen nach außen hin verdeutlichen.	X			In einer Teamsitzung in der Mitte des Praktikums habe ich den Mitarbeitenden meine Vorstellungen über die Zusammenarbeit während des gemeinsamen Besuchs bei der Feuerwehr erläutert.
…				

Baustein T: Die Rolle des Praktikanten/der Praktikantin im Spektrum unterschiedlicher Erwartungen

Rollenerwartungen ausgehend von …	Erwartungen an die Rolle „Praktikant/-in“	Bemerkungen
einzelnen Kindern in der Gruppe		
Teilgruppen		
der Anleiterin/dem Anleiter		
Mitarbeitenden		
der Kita-Leitung		
Eltern oder Angehörigen		
Repräsentanten des Trägers		
Lehrkräften		

Baustein U: Auswahlhilfe zur Gliederung des Reflexionsteils im Bericht

Darstellung und Analyse ausgewählter Schwerpunkte oder Themen

Auswählen können Sie z. B.:

- Aufgaben, die Sie im Praktikum übernommen haben
- Situationen, die mit besonderen Erfolgserlebnissen verbunden sind
- besonders herausfordernde Situationen
- Kompetenzen, die Sie entwickeln oder weiterentwickeln konnten
- Kompetenzen, die Sie nicht entwickeln oder erweitern konnten, und Darlegung der Gründe dafür
- Überprüfung der vorgegebenen Zielsetzung und der persönlichen Zielsetzung
- interessante Erkenntnisse hinsichtlich der Verknüpfung von Praxiserfahrungen und Theoriebezügen
- Betrachtung der Berufsmotivation *und -rolle*

Bewertung

z.B.

- Nehmen Sie Stellung zu negativen und positiven Aspekten, die Ihnen in der Kita-Arbeit aufgefallen sind.
- Wie beurteilen Sie selbst Ihre Erfahrungen und Leistungen?
- Wie beurteilen Sie die Vorbereitung auf das Praktikum durch die Ausbildungsinstitution?

Ausblick

z.B.

- Welche Ziele setzen Sie sich für das nächste Praktikum und warum?
- Welche Empfehlungen geben Sie der Kita für die Arbeit mit zukünftigen Praktikantinnen?
- Wo möchten Sie das nächste Praktikum absolvieren bzw. wo möchten Sie arbeiten? Begründen Sie.
- Hat sich Ihre Haltung zum Beruf verändert? Inwiefern?

Baustein V: Leitfragen zur Reflexion der Erfahrungen im Praktikum

1 Die Einrichtung
Wie habe ich mich in den vorgegebenen Strukturen hinsichtlich Zeit/Aufgaben/Raumnutzung gefühlt? In welcher Weise habe ich mich mit der Konzeption der Einrichtung befasst? An welchen Stellen konnte ich erfahren, dass die Konzeption in der Einrichtung gelebt wird? Was würde ich an der Konzeption ändern? Welche Einblicke habe ich in die Organisation der Einrichtung erhalten? Inwiefern passt die Arbeit der Einrichtung zu den Schwerpunkten, die ich in meinem späteren Beruf setzen möchte?

2 Interaktionen
Interaktionen mit den Kindern:
Wie aktiv war ich in der Kontaktaufnahme und -pflege? Welche Formen regelmäßig wiederkehrender Interaktionen habe ich erlebt? Wie habe ich die Eigenaktivitäten der Kinder begleitet? Woran kann ich verdeutlichen, dass ich empathisch/wertschätzend in der Begegnung mit den Kindern war? Gibt es Kinder, die besonders häufig/wenig auf mich zugekommen sind, und woran könnte dies gelegen haben?

Angehörigenarbeit:
Wie habe ich mich als Praktikant/-in bei den Eltern/Angehörigen bekannt gemacht? Welche Formen der Elternarbeit habe ich kennengelernt? Konnte ich eine aktive Rolle übernehmen oder war ich eher Zuschauer/-in?

Teamarbeit:
Welche Form der Teamorganisation gab es? Wie viel Verantwortung wurde mir im Team übertragen? Inwiefern konnte ich mich aktiv in Teambesprechungen einbringen? Welche Rolle habe ich im Team eingenommen? Welche Verhaltensweisen haben mich motiviert/bestärkt in der Arbeit und welche nicht? Welche Rückmeldungen habe ich vom Team bekommen?

Rolle als Praktikantin:
Welche Möglichkeiten hatte ich, mich in neuen Situationen auszuprobieren? Wie habe ich mich in der Rolle als Praktikant/-in erlebt? Wie hat sich meine Position im Laufe des Praktikums verändert? Welche zusätzlichen Rollen habe ich eingenommen? Inwiefern habe ich mich als Praktikant/-in anders erlebt als in der Rolle als Schüler/-in oder Student/-in?

3 Kinder und Gruppe:
Einzelne Kinder oder Jugendliche:
Wenn ich die Augen schließe - welches Kind/welcher Jugendliche fällt mir zuerst ein? Welche neuen Erfahrungen haben Einzelne durch meine Arbeit gemacht? Habe ich alle Kinder kennengelernt? Zu wem habe ich nur schwer Zugang gefunden? Welche Verhaltensweisen der Kinder haben mich an meine Grenzen gebracht? Bei welchem Kind konnte ich welche Entwicklungs-/Lernfortschritte feststellen?

Beobachtungen:
Wen habe ich beobachtet (Namen anonymisieren)? Warum habe ich gerade dieses Kind/diesen Jugendlichen beobachtet, gab es einen besonderen Anlass? Nach welchem Beobachtungsverfahren bin ich vorgegangen? Zu welchem Zeitpunkt und in welchem Zeitraum habe ich beobachtet? Konnte ich klar zwischen Beobachtungen und Interpretationen/Deutungen unterscheiden? Welche Konsequenzen habe ich aus den Beobachtungen gezogen? Wie habe ich mich gefühlt, wenn ich selbst von anderen bei meiner Arbeit beobachtet wurde, und was könnten Ursachen für diese Gefühle sein?

Die Gruppe:
Welche typischen Situationen habe ich mit der Gruppe erlebt? Was würde ich mir wünschen, wenn ich selbst Teil dieser Gruppe wäre? Welche Gruppenregeln konnte ich mittragen/nicht mittragen? Welches Erzieherverhalten habe ich gegenüber der Gruppe gezeigt? In welchen Situationen habe ich Anleitungsaufgaben oder Moderationstätigkeiten in der Gruppe übernommen? Was konnte ich zur Weiterentwicklung der Gruppe beitragen?

4 Lernarrangements, Projekte
An welchen Lernarrangements/Projekten war ich beteiligt? Welche Arrangements/Projekte habe ich selbstständig durchgeführt? Was habe ich Neues ausprobiert? Welche Ziele waren mir wichtig? Wie haben die Kinder mitgemacht? Welche Methoden habe ich ausprobiert? Wie waren die didaktischen Einheiten/Projekte in den Tagesablauf der Einrichtung eingebunden? Was waren für mich „Highlights", besonders hervorzuhebende, aufregende Situationen? Woran konnte ich die Motivation der Kinder erkennen? Welche Rückmeldungen habe ich von der Anleitung und vom Team bekommen?

5 Schwerpunktsetzungen und berufliche Identität
Welche Unterschiede stelle ich im Vergleich zur Zeit der Aufnahme des Praktikums fest? Welche Phasen habe ich in meiner Entwicklung im Praktikum durchlaufen? Welche Ziele, die ich mir zu Beginn des Praktikums gesetzt hatte, konnte ich erreichen? Worin bestanden meine Lern- und Entwicklungsmöglichkeiten? Was hat mich in der Wahl meines künftigen Berufes verunsichert oder bestärkt? Welche neuen Stärken/Kompetenzen konnte ich bei mir erkennen? (> *Baustein S: Überprüfung der Kompetenzentwicklung im Praktikum*) Was nehme ich an Anregungen für das nächste Praktikum oder für die künftige Berufspraxis mit? Welche Ziele möchte ich mir für das nächste Praktikum oder für die künftige Berufspraxis setzen?

Baustein W: Orientierungshilfe für eine qualifizierte Rückmeldung zum Bericht

Die Rückmeldung zum Bericht sollte zeitnah in einem ruhigen Gesprächsrahmen erfolgen und nicht zwischen Tür und Angel stattfinden.

1. Die mündliche und die schriftliche Rückmeldung zum Bericht lassen erkennen, …

- dass die Vorgaben der Ausbildungsinstitution bekannt sind.
- dass differenzierte Kritik positive Aspekte enthält, aber auch Entwicklungsmöglichkeiten und Verbesserungen aufzeigt.
- dass Offenheit besteht für die von der Praktikantin/dem Praktikanten gezeigte Denkweise.
- dass Fragen gestellt werden, die dazu anregen, konstruktive Lösungsansätze oder Perspektiven zu entwickeln.

2. Der Bericht wird zurückgegeben mit …

- Randbemerkungen, die verständlich formuliert sind.
- Randbemerkungen, die zu einem Gespräch veranlassen, das zur weiteren inhaltlichen Auseinandersetzung auffordert.
- Tipps, durch die fachliche Inhalte ergänzt und fachliche Bezüge hergestellt werden.
- (ggf.) Hinweisen auf Ausdrucksmängel.
- (ggf.) Fehlerkorrekturen hinsichtlich Rechtschreibung, Zeichensetzung, Grammatik bzw. Hinweis darauf, diese noch einmal zu überprüfen.
- Anmerkungen, die eine Gesamtsicht des Berichtes erkennen lassen.
- (ggf.) konkreten Hinweisen auf Mängel im logischen Aufbau.
- Hinweisen zur Art der Darstellung der Reflexionsergebnisse.

8 Umgang mit Quellen und Überprüfung der Form

Abb. 8.1 Quellen

In diesem Kapitel finden Sie Hinweise zur abschließenden Gestaltung des Berichtes. Sie erfahren, welche formalen Standards und Anforderungen es hinsichtlich Quellenverzeichnis, Datenschutz und Anhang zu beachten gibt.

8.1 Der Umgang mit Quellen

Als nicht zitierfähig gelten Artikel aus Wikipedia, anderen Praktikumsberichten, Seminarunterlagen, Abschlussarbeiten oder auch Meldungen aus Boulevardzeitungen.

Die Quellen, aus denen Sie die Informationen für Ihren Bericht beziehen, müssen konkret benannt werden. Das können mündliche Mitteilungen durch Leitungs- oder Fachkräfte sein, aber auch schriftliche Quellen wie die Konzeption der Einrichtung. Wissenschaftliche Quellen müssen besondere Anforderungen erfüllen. Wissenschaftliche Quellen sind seriös, sachlich korrekt und können immer einem oder mehreren Autoren zugeordnet werden.

Zitate aus *Fachliteratur* sind zur Erstellung eines Praktikumsberichtes nicht unbedingt notwendig, wesentlicher Inhalt des Berichtes sind ja die eigenen Beobachtungen und Erfahrungen, nicht theoretische Abhandlungen. Dennoch kann es sein, dass Sie in Ihren Ausführungen Bezug auf bestehende Theorien nehmen oder dass es notwendig wird, bestimmte Begriffe im Text genauer zu definieren. Nicht jeder Gedanke im Text muss ein eigener sein, gute Ideen dürfen auch übernommen werden. Es wird allerdings zu Recht erwartet, die Quelle sorgfältig zu prüfen und kenntlich zu machen.

Bereiten Sie im Rahmen Ihres Praktikums ein Arrangement oder Projekt für die Kinder vor (> Kap. 6), müssen Sie sich mit dem dazugehörigen *Inhalt* oder Thema zunächst selbst auseinandersetzen und Informationen dazu sammeln. Zur Vorbereitung eines didaktisch ausgerichteten Vorgehens gehört die Auseinandersetzung mit dem Lern- und Handlungsgegenstand, bei der in der Regel Hinweise auf eine oder mehrere Quellen notwendig werden. Auch wenn im Rahmen des Berichtes auf Inhalte aus der bisherigen Ausbildung oder im Studium auf Theorien Bezug genommen wird, können Quellenangaben notwendig werden.

Fakten müssen durch den Verweis auf eine Quelle belegt werden. Bei der Übernahme von fremdem Gedankengut muss auf die Urheberschaft des Gedankens hingewiesen werden.

Wiedergaben aus anderen Texten erfolgen wörtlich (direktes Zitat, in Anführungszeichen gesetzt) oder sinngemäß (indirektes Zitat, paraphrasierend = Zusammenfassung eines fremden Gedankens mit eigenen Worten). Wörtliche Zitate sollten im Bericht sparsam eingesetzt werden, nicht zu lang sein und einen direkten Bezug zu dem umgebenden Inhalt haben. Die Quellen müssen von Dritten, das sind beim Praktikumsbericht in der Regel die Lehrkräfte, überprüft werden können. Die Angabe erfolgt am Ende eines direkten oder indirekten Zitates, d.h., der Verweis steht am Ende eines Satzes oder kurzen Abschnittes, kann aber auch in den laufenden Text eingebunden werden. Wesentliche Bestandteile einer Quellenangabe finden Sie, wenn Sie die ersten Seiten eines Buches aufschlagen:

> Kap. 6

Unter *Referenzieren* oder *Verweisen* versteht man eben diese transparente Bezugnahme auf eine Quelle – im Praktikumsbericht ist das meist der Hinweis auf eine gedankliche Urheberschaft eines Satzes oder kurzen Abschnittes.

Die strengen Regeln bei einer wörtlichen oder auch indirekten Wiedergabe von Texten dienen dazu, die gennannten Quellen genau nachverfolgen und überprüfen zu können.

Korrekte *Quellenangaben* sind in vielen Ausbildungsgängen Teil der angestrebten Fachkompetenz.

Die Facharbeit für Erzieherinnen und Erzieher

Ein Ratgeber für Lernende an Fachschulen für Sozialpädagogik

Wolfgang Dohrmann

3., durchgesehene Auflage

Handwerk und Technik · Hamburg

Über den Autor
Wolfgang Dohrmann unterrichtete an der Fachschule für Sozialpädagogik des Pestalozzi-Fröbel-Hauses in Berlin. Er ist Verfasser diverser Veröffentlichungen im Bereich Sozialpädagogik und Englisch sowie Übersetzer pädagogischer Fachtexte.

Die Ausführungen zur Formatierung in Textverarbeitungssoftware in diesem Buch erfolgen ohne Gewähr, da diese Programme regelmäßigen Aktualisierungen unterworfen sind.

ISBN 978-3-582-12950-5 Best.-Nr. 4776 3. Auflage

Das Werk und seine Teile sind urheberrechtlich geschützt. Jede Nutzung in anderen als den gesetzlich oder durch bundesweite Vereinbarungen zugelassenen Fällen bedarf der vorherigen schriftlichen Einwilligung des Verlages.
Die Verweise auf Internetadressen und -dateien beziehen sich auf deren Zustand und Inhalt zum Zeitpunkt der Drucklegung des Werks. Der Verlag übernimmt keinerlei Gewähr und Haftung für deren Aktualität oder Inhalt noch für den Inhalt von mit ihnen verlinkten weiteren Internetseiten.

Verlag Handwerk und Technik GmbH
Lademannbogen 135, 22339 Hamburg; Postfach 63 05 00, 22331 Hamburg – 2019
Internet: www.handwerk-technik.de
E-Mail: info@handwerk-technik.de

Satz und Layout: alias.medienproduktion GmbH, Berlin
Zeichnungen: Ulrich Bensmann, Hannover
Umschlagfotos: Fotolia Deutschland, Berlin, © www.fotolia.de, Bild 1 (grafikplusfoto), Bild 2 (nikolerakic)
Druck: DZA Druckerei zu Altenburg GmbH, 04600 Altenburg

handwerk-technik.de

Abb. 8.2 Wesentliche Bestandteile einer Quellenangabe

Zitationsstile ändern sich und werden in den einzelnen wissenschaftlichen Disziplinen unterschiedlich gehandhabt.

Um aus anderen Texten übernommene Gedanken kenntlich zu machen oder Informationsquellen zu zitieren, wird hier die *„Harvard-Methode"* zugrunde gelegt, die in den Sozialwissenschaften weit ver-

Klären Sie ab, an welchem Modell sich die Lehrkräfte Ihres Ausbildungs- oder Studienganges bei Haus-/Seminararbeiten orientieren.

breitet ist und im Vergleich zu anderen Zitiersystemen weniger Formvorschriften enthält (vgl. Jele 2021, S. 46). Bei dieser Zitierweise aus amerikanischen Hochschulen wird auf Angaben in Fußnoten verzichtet. Die Harvard-Methode wird ebenso wie die meisten anderen Zitiersysteme nicht immer einheitlich verwendet, d.h., es gibt kleinere Abweichungen, z.B. bei der Interpunktion (Setzen von Punkt oder Komma).

Entscheiden Sie sich beim Schreiben für eine Variante und wenden Sie diese durchgängig ohne Abweichungen an.

8.1.1 Literaturverzeichnis

Bei der Harvard-Methode erfolgt der *Kurzverweis* auf die benutzte Quelle *im Text* und die *ausführliche Angabe* zur Quelle erscheint später *im Literaturverzeichnis*. Das Literaturverzeichnis wird am Ende der Arbeit angelegt. Es ist geordnet nach den Nachnamen der Autoren in alphabetischer Reihenfolge. Am Ende des Berichtes erscheinen also alle Bücher, Artikel und andere Quellen, die bei der Erstellung des Textes benutzt wurden, als *Vollbeleg*. Es können auch Texte darunter sein, die benutzt wurden, ohne ausdrücklich im Bericht zitiert worden zu sein. > Baustein X: Ein Literatur- und Quellenverzeichnis anlegen

> Baustein X

Textverarbeitungsprogramme verfügen zwar über die Funktion, automatisch ein Literaturverzeichnis zu erstellen, Sie müssen allerdings auch bei einer automatisierten Erstellung auf eine korrekte Zitierweise achten. Abschließend müssen Sie überprüfen, ob die Angaben vollständig sind und ob das Ergebnis den Vorgaben Ihrer Ausbildungsstätte entspricht.

Die Harvard-Methode genügt dem Standard von Ausbildungs- bzw. Studiengängen, zu denen auch das Arbeiten mit wissenschaftlicher Methodik und die Einbeziehung von Fachliteratur oder anderen wissenschaftlichen Quellen gehört.

8.1.2 Zitieren aus Fachbüchern und -zeitschriften

Der Hinweis auf die Quelle erscheint bei der Harvard-Methode im Text selbst, und zwar in verkürzter Form in Klammern in der Reihenfolge *Nachname des Autors* und *Jahr der Veröffentlichung, Seitenangabe.*

Das direkte Zitat erfolgt wörtlich und ohne jede Änderung an der Vorlage. Anführungszeichen zeigen den Beginn und das Ende des Zitates an, die Angabe der Quelle erfolgt unmittelbar nach dem Zitat in runden Klammern:

„Xxxxx xx Xxxx xx xxxx Xxxxx xxx!" (Autoren-Nachname Jahr, S. X)

Wörtliche, direkte Zitate müssen buchstabengetreu mit dem Original übereinstimmen. Selbst Fehler müssen genauso übernommen werden. Sie werden durch einen Zusatz wie [!] oder [sic!] (lateinisch für „so") markiert. Wenn Sie ein Zitat nur in Teilen übernehmen, werden die fehlenden Stellen durch drei Punkte in eckigen Klammern [...] gekennzeichnet. Möchten Sie einzelne Stellen des Zitats hervorheben, müssen Sie das durch einen Vermerk in Klammern deutlich machen, z.B.: [Hervorhebung durch den Verfasser]. Gehen die Zitate über mehrere Zeilen, werden sie an den Seiten etwas eingerückt und einzeilig layoutet.

> **Beispiel**
> **Das Zitieren nach der Harvard-Methode**
>
> Neben den im folgenden Abschnitt dargestellten, unterschiedlichsten Beispielen findet sich im Text selbst eine Fülle an solchen, da hier die Harvard-Methode selbst eingesetzt wird.
>
> Die Harvard-Methode ist im Wesentlichen dadurch charakterisier- und erkennbar, dass sie gegenüber anderen Methoden wie jenen der MLA in ihren konkreten Ausprägungen deutlich formenreduziert ist. So sind in dieser z. B. keine Unterstreichungen von (im Literaturverzeichnis) bibliografisch ordnenden Angaben vorgesehen, typografische Zeichen zur Trennung bibliografischer Kategorien gelangen nur sehr vermindert zur Anwendung. Darüber hinaus werden Werkarten nur in vereinfachter Form (im Literaturverzeichnis wie auch in den Quellenangaben sehr pragmatische auf das Notwendige reduziert) voneinander unterschieden.
>
> Diese Reduzierung bzw. bewusste Beschränkung der konkret möglichen bzw. zur Anwendung gelangenden Ausprägungen innerhalb der Formvorschriften wird allgemein als großer Vorteil der Harvard-Methode gesehen. Eingesetzt wird diese Methode vor allem in den Sozial- und Wirtschaftswissenschaften, den Kultur- und Geisteswissenschaften.
>
> (aus: Jele, Harald (2021): Richtig zitieren. 4. Auflage. Stuttgart, S. 46)

Eine wörtliche Übernahme des ersten Satzes aus dem zweiten Abschnitt des obigen Beispiels würde im Text wie folgt erscheinen: *„Die Harvard-Methode ist im Wesentlichen dadurch charakterisier- und erkennbar, dass sie gegenüber anderen Methoden […] in ihren konkreten Ausprägungen deutlich formenreduziert ist." (Jele 2021, S. 46)*

Beim indirekten Zitat fasst der Zitierende einen Textausschnitt mit eigenen Worten zusammen, ohne ihn dabei inhaltlich zu verändern. Das indirekte Zitat steht nicht in Anführungszeichen, ein vgl. (= vergleiche) erscheint als Zusatz vor der Angabe der Fundstelle in den runden Klammern. Die Position der Quellenangabe befindet sich am Ende der Paraphrase im Text oder am Ende eines Satzes oder Absatzes.

Paraphrasieren: einen Ausdruck oder Textausschnitt sinngemäß mit eigenen Worten umschreiben

Xxxxxx xx xxxxxx xx Xxxxx (vgl. Autoren-Nachname Jahr, S. X) Xxxxx xxxxxx.

oder

Xxx Xxxx xx Xxxxx xxx xxxxx xx xxxxxxxxxxx Xxxxxxx xxxxxxxxxxx Xxxxxx xxxxx Xxxxxxx Xxx xxxxxxxxxxxxxx Xxxx xx xxxxxxxxx, xxx Xxxx xxxxxx Xxxxxxxxxxxx Xxxx xx xxxx. (Vgl. Autoren-Nachname Jahr, S. X)

Hinter einem Punkt als Satzzeichen erfolgt Großschreibung. Deshalb wird hier „Vgl." großgeschrieben.

Der Inhalt des ersten Satzes des unteren Abschnittes aus obigem Beispiel könnte indirekt z.B. folgendermaßen paraphrasiert werden:

Die Reduzierung von Formvorschriften gilt allgemein als großer Vorteil der Harvard-Methode. (Vgl. Jele 2021, S. 46)

Sowohl beim direkten als auch beim indirekten Zitat erfolgt der Zugriff auf die genaue Bezeichnung der Quelle über das Verzeichnis am Ende der Arbeit. Die vollständige Angabe im Literaturverzeichnis erscheint dann in dieser Form:

Jele, Harald (2021): Richtig zitieren. 4. Auflage. Stuttgart

Bei Werken mit *mehreren Autoren* kann in der Kurzform, d.h. bei der Angabe im laufenden Text, die Wiedergabe auf den erstgenannten Autor beschränkt und ein „u.a." („und andere") ergänzt werden. Erst im alphabetisch nach den Nachnamen der Verfasser geordneten *Literaturverzeichnis* am Ende der Arbeit erscheint dann die ausführlichere Angabe mit mehreren Autoren.

Zitate aus *Fachzeitschriften* folgen zunächst dem gleichen Schema wie Zitate aus Fachbüchern, genannt werden Autor/Autorin des Artikels, der Titel des Aufsatzes in der Fachzeitschrift, ggf. ein Untertitel und das Jahr des Erscheinens. Als ergänzende Angaben benötigen Sie den Namen der Zeitschrift, die Nummer des Heftes und Jahr und Monat des Erscheinens.

Beispiel

Ludger Pesch und Erik Jäckel haben in der Fachzeitschrift *Theorie und Praxis der Sozialpädagogik,* die sich in der Juni-Ausgabe 2022 mit dem Thema *Träger* befasst, einen vierseitigen Artikel mit dem Titel *‚Der Weg zum Glück'* veröffentlicht, in dem sie über die Erfahrungen des Pestalozzi-Fröbel-Hauses in Berlin mit Trägerschaft berichten. In diesem Artikel heißt es auf Seite 25:

„Als Träger möchten wir, dass Form und Inhalt bereits im Alltag zusammenfinden. Das heißt, Ziele, Inhalte und Werte, die wir vertreten, sollen in unserem Tun erkennbar sein."

Zitieren Sie diese Quelle im Bericht wörtlich, erscheint im Text hinter dem Zitat wie bei Fachbüchern die Kurzangabe mit Autorennachnamen und Seitenangabe in Klammern *(Pesch/Jäckel 2022, S. 25).*

Die Angabe aus dem Beispiel sieht im Literaturverzeichnis dann folgendermaßen aus:

Pesch, Ludger; Jäckel, Erik (2022): Der Weg zum Glück. In: Theorie und Praxis der Sozialpädagogik (TPS). 06/22. S. 24 – 27

> Baustein X

Digital zugängliche Artikel in PDF-Form aus Fachjournalen werden auf die gleiche Weise zitiert wie Zeitschriften, zusätzlich erhalten sie einen Hinweis auf die Quelle im Internet.

8.1.3 Zitieren aus Internetquellen

Downloadbare Dokumente, Online-Journale oder Online-Nachschlagwerke können sinnvolle Ergänzungen zu Büchern oder Fachzeitschriften sein. Seriöse Quellen haben einen oder mehrere Autoren/Autorinnen, sind mit einem Titel versehen und lassen den Erscheinungszeitpunkt erkennen. Sie werden z.B. von wissenschaftlichen Instituten oder anderen Organisationen herausgegeben und der Öffentlichkeit in der Regel als PDF-Dokument zugänglich gemacht.

Für Zitate aus digital vorliegenden Quellen gelten grundsätzlich die gleichen Regeln wie für Fachliteratur, der Kurzverweis im Text enthält die Angaben Autorenname, Erscheinungsjahr und Seitenzahl (soweit im Dokument vorhanden).

Beispiel

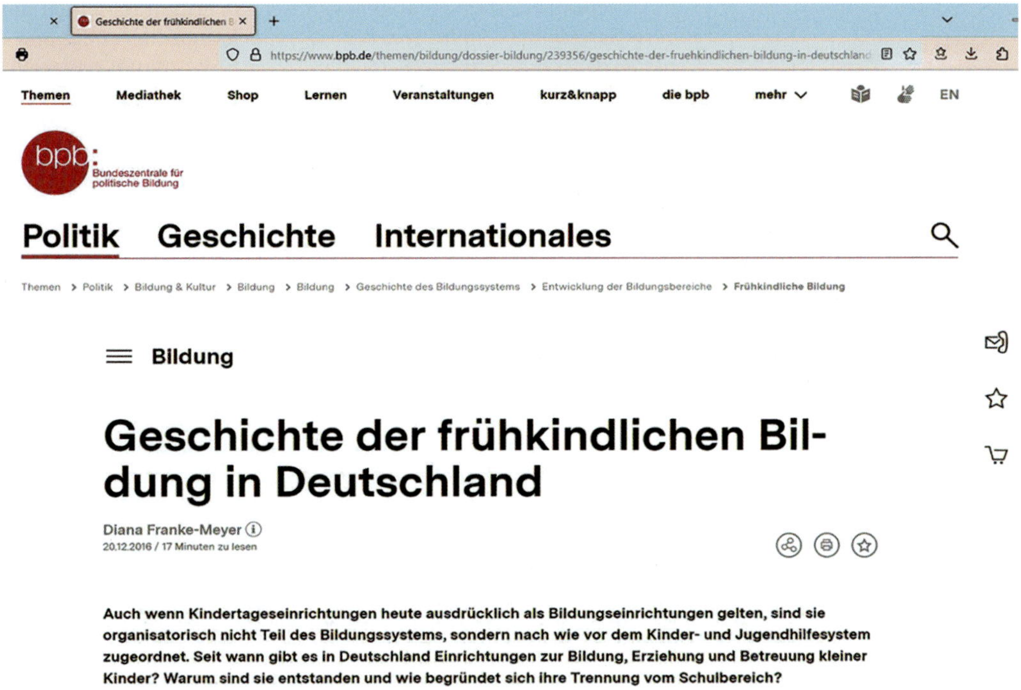

Abb. 8.3 Webseite

Möchten Sie den ersten Satz des Aufsatzes von Frau Franke-Meyer zitieren, sähe das in Ihrem Text folgendermaßen aus:

„Auch wenn Kindertageseinrichtungen heute ausdrücklich als Bildungseinrichtungen gelten, sind sie organisatorisch nicht Teil des Bildungssystems, sondern nach wie vor dem Kinder- und Jugendhilfesystem zugeordnet." (Franke-Meyer 2016)

Im *Literatur- und Quellenverzeichnis* erfolgt dann die ausführlichere Angabe mit Autorennachname, Vorname (Erscheinungsjahr in runden Klammern): *Titel des Dokuments. Online unter anklickbare URL, unter der das Dokument abgerufen wurde [Datum des Zugriffs in eckigen Klammern]*

Zum Einfügen der URL klicken Sie oben im Browser auf die Adressleiste (achten Sie darauf, dass die gesamte URL ausgewählt wird) und kopieren Sie diese in Ihre Quellenangabe:

Franke-Meyer, Diana (2016): Geschichte der frühkindlichen Bildung in Deutschland. Online unter https://www.bpb.de/themen/bildung/dossier-bildung/239356/geschichte-der-fruehkindlichen-bildung-in-deutschland/ [31.05.2024]

Online abrufbare Richtlinien für Kitas werden in der Regel von einem Ministerium herausgegeben, sind also nicht konkret einem namentlich gekennzeichneten Autor oder einer Autorin, sondern einer Organisation zuzuordnen. So werden die Bildungsleitlinien für Kitas oft ohne Angabe der Autorenschaft vom Bildungs-, Kultus- oder Sozialministerium des jeweiligen Bundeslandes als downloadbares Dokument zur Verfügung gestellt.[7]

Zitieren Sie im Berichtstext z.B. aus den Bildungsleitlinien für Kitas in Schleswig-Holstein eine Stelle aus Seite 8, erfolgt folgender Kurzverweis: *(Ministerium für Soziales, Gesundheit, Jugend, Familie und Senioren des Landes Schleswig-Holstein 2020, S. 8)*. Im Literaturverzeichnis erscheint die Quelle in der ausführlichen Form:

Ministerium für Soziales, Gesundheit, Jugend, Familie und Senioren des Landes Schleswig-Holstein (Hrsg.) (2020): Erfolgreich starten Leitlinien zum Bildungsauftrag in Kindertagesstätten. Kiel. Online unter https://www.schleswig-holstein.de › Service › Kita.pdf [31.05.2024]

8.1.4 Die Konzeption als Quelle

Die *Konzeption* einer Einrichtung stellt häufig eine besondere Herausforderung dar: Sie genügt nicht den Ansprüchen einer wissenschaftlichen Veröffentlichung und gilt als ‚graue Literatur'. So werden Publikationen bezeichnet, die nicht auf traditionelle Weise veröffentlicht wurden, also nicht über den Buchhandel zu beziehen und nur auf andere Weise zugänglich sind.

Die Konzeption der Einrichtung oder auch die Leitlinien des Trägers gehören zu dieser Art „Literatur", sie genügen nicht wissenschaftlichen Ansprüchen, sind für die Darstellung der Einrichtung und die Beschreibung pädagogischer Schwerpunkte dennoch eine Quelle, auf die Sie im Bericht nicht verzichten können. Liegt die Konzeption in einer Druckfassung vor, sollten Sie nach *Verfasser, Titel, Erscheinungsjahr und -ort* suchen. Erfolgt der Zugriff über die Webseite der Einrichtung, ist im Literaturverzeichnis der Hinweis „online unter" mit anklickbarer URL und Zugriffsdatum in Klammern zu ergänzen.

Da Konzeptionen im Rahmen der Qualitätsentwicklung immer wieder überarbeitet werden und unterschiedliche Personen an der Erstellung beteiligt sind, werden im Unterschied zu Fachliteratur die Autoren/-innen häufig nicht explizit benannt. Werden Auszüge aus der Konzeption im Bericht zitiert, bleibt als Lösung dann nur, lediglich den *Titel des Dokumentes*, z.B. „Konzeption der Kita Kunterbunt" zu benennen. Das Erscheinungsjahr findet sich häufig etwas versteckt am Anfang oder am Ende des Textes. Im Literaturverzeichnis erscheint die Konzeption ohne Angabe der Verfasser/-innen ausnahmsweise als anonymes Werk. Aufgelistet wird sie unter dem Titel mit der zusätzlichen Angabe *„o.V." = ohne Verfasser*. Beispiel:

Für das Zitieren aus der Konzeption der Einrichtung gelten die gleichen Regeln wie für das Zitieren aus Fachliteratur.

Konzeption der Kita Dorothea-Schloezer o.V. (2018). Lübeck. online unter https://www.luebeck.de/files/bildungsportal/familie/kinderbetreuung/konzepte/dorothea-schloezer_9.2018.pdf [31.05.2024]

7 Eine Übersicht Bildungspläne der Bundesländer für die frühe Bildung in Kindertageseinrichtungen finden Sie unter https://www.bildungsserver.de/bildungsplaene-fuer-kitas-2027-de.html

Beziehen Sie sich im Bericht auf mehrere Quellen ohne spezifischen Autor oder erfolgt die Quellenangabe im Text allein durch einen Link, empfiehlt es sich, im Anschluss an die Arbeit *ein eigenes Verzeichnis* von Quellen, die über ihre *URL* zitiert werden, anzulegen. Das Einfügen des Zugriffsdatums entbindet Sie als Schreibende nicht von der Verantwortung, Inhalte aus seriösen Quellen zu wählen, die dauerhaft verfügbar und abrufbar sind.

8.1.5 Zitieren aus Gesetzesquellen

Die pädagogische Arbeit in der Kita beruht auf Bundesgesetzen, Landesgesetzen und Landesverordnungen. Werden im Bericht Gesetze des Bundes oder der Länder zitiert, erscheint die Rechtsquelle in ihrer abgekürzten Form (z.B. SGB VIII). Das Bundesministerium für Justiz stellt unter www.gesetze-im-internet.de die aktuellen Versionen von Rechtsquellen bzw. Gesetzestexten online.

Im Text des Berichtes erscheint vor der *Abkürzung des Gesetzes* die Nummer des Paragrafen inklusive Paragrafenzeichen (§), auf den Sie sich im Zitat beziehen. Beziehen Sie sich auf mehrere Paragrafen, erscheinen vor der Angabe zwei Paragrafenzeichen (§§).

Grundsätzlich sollte die Stelle, auf die sich das Zitat bezieht, möglichst konkret benannt werden, d.h., eine genaue Quellenangabe enthält:

- den Paragrafen
- den Absatz
- den Satz bzw. die Nummer
- den Kurztitel des Gesetzes

Beispiel

Sozialgesetzbuch (SGB) – Achtes Buch (VIII) – Kinder- und Jugendhilfe – (Artikel 1 des Gesetzes v. 26. Juni 1990, BGBl. I S. 1163)

§ 22 Grundsätze der Förderung

(1) Tageseinrichtungen sind Einrichtungen, in denen sich Kinder für einen Teil des Tages oder ganztägig aufhalten und in Gruppen gefördert werden. Kindertagespflege wird von einer geeigneten Kindertagespflegeperson in ihrem Haushalt, im Haushalt des Erziehungsberechtigten oder in anderen geeigneten Räumen geleistet. Nutzen mehrere Kindertagespflegepersonen Räumlichkeiten gemeinsam, ist die vertragliche und pädagogische Zuordnung jedes einzelnen Kindes zu einer bestimmten Kindertagespflegeperson zu gewährleisten. Eine gegenseitige kurzzeitige Vertretung der Kindertagespflegepersonen aus einem gewichtigen Grund steht dem nicht entgegen. Das Nähere über die Abgrenzung von Tageseinrichtungen und Kindertagespflege regelt das Landesrecht.

(2) Tageseinrichtungen für Kinder und Kindertagespflege sollen

1. die Entwicklung des Kindes zu einer selbstbestimmten, eigenverantwortlichen und gemeinschaftsfähigen Persönlichkeit fördern,
2. die Erziehung und Bildung in der Familie unterstützen und ergänzen,
3. den Eltern dabei helfen, Erwerbstätigkeit, Kindererziehung und familiäre Pflege besser miteinander vereinbaren zu können.

Hierzu sollen sie die Erziehungsberechtigten einbeziehen und mit dem Träger der öffentlichen Jugendhilfe und anderen Personen, Diensten oder Einrichtungen, die bei der Leistungserbringung für das Kind tätig werden, zusammenarbeiten. Sofern Kinder mit und ohne Behinderung gemeinsam gefördert werden, arbeiten die Tageseinrichtungen für Kinder und Kindertagespflege und der Träger der öffentlichen Jugendhilfe mit anderen beteiligten Rehabilitationsträgern zusammen.

Zitieren Sie aus einem Grundsatz zur Förderung von Kindern in Kindertagesstätten nach § 22 SGB VIII, wird die entsprechende Stelle folgendermaßen gekennzeichnet:

„Tageseinrichtungen für Kinder und Kindertagespflege sollen die Entwicklung des Kindes zu einer selbstbestimmten, eigenverantwortlichen und gemeinschaftsfähigen Persönlichkeit fördern" (§ 22 Abs. 2 Satz 1 Nr. 1 SGB VIII)

Gesetze werden nur im Fließtext angegeben und erhalten keinen Eintrag im Literaturverzeichnis am Ende des Textes. Der Verweis auf die Rechtsquelle erscheint entsprechend dem Harvard-System in Klammern hinter dem in Anführungszeichen gesetzten direkten Zitat oder der Paraphrase (beim indirekten Zitat durch vgl. gekennzeichnet).

8.2 Layout überprüfen und einen Anhang gestalten

Die äußere Gestaltung des Berichtstextes sollte funktional auf eine gute Lesbarkeit ausgerichtet sein. Im Folgenden finden Sie Tipps, was Sie hinsichtlich Layout und Anhang beachten sollten.

8.2.1 Layoutüberprüfung

Gehen Sie bei der abschließenden Textgestaltung nach folgenden Grundsätzen vor:

- Der gesamte Berichtstext sollte ‚aus einem Guss' sein, das Layout einheitlich gestaltet werden, besonders mit Blick auf Schriftart, -größe, Seitenränder.
- Der Text der einzelnen Kapitel (> Kap. 3) sollte in Absätze eingeteilt sein. Ein abgeschlossener Gedanke wird optisch durch das Betätigen der Enter-Taste, ein neuer Aspekt eines Themas durch das Einfügen einer Leerzeile kenntlich gemacht.

> Kap. 3

- Die *Absatzformatierung* sollte einheitlich *linksbündig* oder im *Blocksatz* ausgerichtet sein. Bei linksbündigen Texten beginnen alle Zeilen links in einer Flucht, rechts sind die Zeilen dagegen unterschiedlich lang. Wird der Blocksatz gewählt, sind in jeder Zeile die Wortabstände unterschiedlich lang; größere Lücken in den Zeilen lassen sich durch die Aktivierung der Silbentrennung reduzieren.
- Die *Seitenränder* oben, unten, rechts und links sollten mindestens 2,5 cm und maximal 3-4 cm betragen.
- Verwendet wird in Berichten in der Regel ein 1,5-facher *Zeilenabstand*, er kann auch kleiner sein (1,0), sollte aber nicht größer eingestellt werden.
- Die *Schriftgröße* des Textes sollte 12 pt. nicht überschreiten. Standardschriftarten bei Word™ sind Times New Roman, Calibri oder Arial.
- *Überschriften* werden häufig in der Schriftgröße 14 (fett) und Zwischenüberschriften in Schriftgröße 12 (fett) gesetzt und evtl. zusätzlich durch die Wahl einer anderen Schriftart hervorgehoben.
- Fettungen oder *Kursivsetzungen* im Text, z.B. zur Hervorhebung von Begriffen, sollten Sie sparsam einsetzen.

- Ggf. eine Kopfzeile (mit Name, evtl. Klasse, Ausbildungs- oder Studiengang) einfügen.
- Das Einfügen der *Seitenzahlen* (arabische Ziffern) beginnt mit der Seite hinter dem Deckblatt. Die Seiten eines Anhangs werden nicht mitgezählt.
- Berichte werden in digitaler Form erstellt (z.B. als DOC- und PDF-Datei), der Ausdruck erfolgt üblicherweise einseitig im A4-Format.

Prüfen Sie abschließend mit Ihrem Textverarbeitungsprogramm, ob Layout und Formatierung so eingestellt sind, dass alle Elemente des Dokumentes (Textabschnitte oder Überschriften) mit einer Formatvorlage belegt sind.

Falls das Inhaltsverzeichnis manuell erstellt wird, müssen Kapitelüberschriften und Inhaltsverzeichnis abgeglichen werden.

8.2.2 Anhanggestaltung

Funktion des Anhangs

Ein Anhang ist eine Ergänzung zum eigentlichen Bericht. Sind Ihre Vorgaben für diesen Bericht mit Aufgaben zur Vorbereitung auf wissenschaftliches Arbeiten verknüpft? Dann können Sie z. B. im Anhang selbst erhobenes Datenmaterial einfügen. Zu den selbst erhobenen Daten zählen z. B. Beobachtungsprotokolle oder eine Abbildung zum Kontaktgefüge einer Gruppe (> Kap. 5). Die Interpretation der Daten und mögliche Vorschläge für das pädagogische Handeln gehören in den Textteil. Haben die Beobachtungen z.B. zur Ausformulierung einer Lerngeschichte für Kinder geführt, kann diese wiederum im Anhang abgebildet werden.

Die vorgeschriebene Seitenzahl bezieht sich in der Regel auf den Textteil, nicht auf den Anhang eines Berichtes.

Geht es in Ihrem Bericht z. B. in erster Linie um die Darstellung der praktischen Arbeit, kann der Anhang dazu dienen, die gemachten Erfahrungen durch Fotos zu veranschaulichen. Der Datenschutz ist dabei zu beachten.

> Kap. 5
Der Anhang darf nicht dafür genutzt werden, eine vorgegebene Seitenzahl des Berichtes zu umgehen.

Mögliche Funktionen eines Anhangs

- *Beleg* von Aussagen im Bericht, z. B durch Grafiken, Beobachtungsbögen, Fotos, Protokolle
- *Ergänzung* zu einzelnen Inhalten des Berichtes, die für das Verständnis unabdingbar und notwendig sind, z.B. Spieleanleitungen, die Ablaufplanung eines Lernarrangements oder die detaillierte Beschreibung einer Methode
- *Bezeugung* der Beachtung des Datenschutzes durch das Einfügen einer Einverständniserklärung zur Nutzung von Fotos (> Beachtung des Datenschutzes)
- *Dokumentation* fachlich korrekten Arbeitens, z. B. durch Fotos von Arbeitsproben, Kopien von Informationen an Eltern oder Erlaubniserteilungen von Eltern
- *Bestätigung* von Zeiten oder Leistungen durch von der Schule/Hochschule vorgegebene Formblätter, z. B. Nachweis der Praktikumsableistung, Praktikumsbeurteilung durch die Einrichtung, Belege zu Krankheitstagen

Die beigefügten Inhalte/Dokumente sollten im direkten Bezug zum Hauptteil des Berichtes stehen. Ein Anhang ist keine Pflicht.

Aus der engen Verknüpfung des Anhangs mit dem Textteil ergibt sich die Notwendigkeit, im Textteil *Verweise* zum Anhang einzufügen. Nur so kann die lesende Person nachvollziehen, aus welchem Grund der Inhalt bzw. das Dokument dem Anhang zugefügt wurde. Wenn Sie zum Beispiel in Ihrer didaktisch-methodischen Planung eines Projektes ein Spiel zum gegenseitigen Kennenlernen einsetzen, die Beschreibung des Spiels jedoch den Lesefluss stören würde, nennen Sie den Namen des Spiels und setzen Sie direkt dahinter in Klammern folgenden Verweis: *(differenzierte Spielanleitung siehe Anhang Nr. X)*

Einbindung des Anhangs in den Bericht

Der Anhang erscheint im Inhaltsverzeichnis hinter dem Literaturverzeichnis. (> Baustein F: Gliederungspunkte eines Praktikumsberichtes) und erhält eine Seitenzahl – die Seitenzahl in der Gliederung markiert den Beginn des Anhangs. Die einzelnen Teile des Anhangs werden ab der angegebenen Seite angefügt.

> Baustein F

Quellen, die nicht im Text oder im Quellen- und Literaturverzeichnis angegeben wurden, sollten im Anhang nicht enthalten sein.

Um die Inhalte des Anhangs schnell erfassen zu können, geben Sie den einzelnen Anhangsteilen einen *Titel* wie z. B. „Beobachtungsprotokoll/e" oder „Spielanleitung zum Kennenlernspiel". Die einzelnen Inhalte/Dokumente erscheinen in einem eigenen *Anhangsverzeichnis* und erhalten eine eigene durchlaufende Nummerierung, wenn der Anhang mehr als 3 Seiten umfasst. Das Anhangsverzeichnis erscheint auf der ersten Seite des Anhangs.

I	**Beobachtungsprotokolle J.**
I.1	Beobachtungsprotokoll
I.2	Beobachtungsprotokoll
I.3	Beobachtungsprotokoll
II	**Kontaktgefüge Käfergruppe Bauecke**
II.1	Beobachtungsergebnis
II.2	Beobachtungsergebnis
II.3	Beobachtungsergebnis
III	**Ergebnis des Lernarrangements: Bauen mit Holzklötzen**
III.1	Bild: Vorbereitung der Bauecke
III.2	Bilder von den Bauwerken der Kinder

Beispiel für die Erstellung eines Anhangsverzeichnisses

Nutzen Sie für das Anhangsverzeichnis eine neue Formatvorlage. Geben Sie auch der Nummerierung des Anhangsverzeichnisses eine andere Formatierung als dem Inhaltsverzeichnis des Praktikumberichtes. Sie können z. B. römische Ziffern (I, II, III) wählen.

8.2.3 Selbstständigkeitserklärung

Praktikumsberichte im Rahmen der Erzieher- und Erzieherinnenausbildung, die beurteilt werden und die im Rahmen eines Berufspraktikums beispielsweise die Voraussetzung für die Prüfungszulassung sind, müssen in der Regel mit Ihrer Versicherung versehen werden, dass Sie die Arbeit selbstständig angefertigt haben.

Sie versichern in der Selbstständigkeitserklärung z.B.,

- den vorliegenden Bericht/die vorliegende Arbeit selbstständig verfasst zu haben, ohne unzulässige Hilfe einer anderen Person in Anspruch genommen zu haben,
- dass alle Stellen, die wortgleich oder sinngemäß anderen Werken entnommen sind, durch Angabe der Quelle kenntlich gemacht wurden,
- dass der Inhalt noch niemandem, auch nicht in Teilen, zur Beurteilung vorgelegt wurde,
- dass die digitale mit der gedruckten Form übereinstimmt,
- dass Sie einverstanden sind mit der Überprüfung durch eine Plagiatserkennungssoftware.

Selbstständigkeitserklärung und eidesstattliche Erklärung bzw. Versicherung sind zwei Begriffe, die im Zusammenhang mit Prüfungsarbeiten und anderen im Rahmen der Ausbildung oder des Studiums abzugebenden Werken oft synonym verwendet werden. Der Begriff „eidesstattliche Erklärung“ bzw. Versicherung impliziert eine Versicherung in Form eines Eides, die laut Verwaltungsverfahrensgesetz nur dann gefordert ist, wenn andere Mittel zur Erforschung der Wahrheit nicht vorhanden sind, zu keinem Ergebnis geführt haben oder einen unverhältnismäßigen Aufwand erfordern würden (vgl. § 27 VwVfG). Handelt es sich um Bachelor- oder Masterarbeiten, muss ein Vermerk zum Abschluss der Arbeit eingebunden sein, in dem - an Eides Statt- erklärt wird, die vorgelegte Arbeit selbstständig verfasst zu haben. Soweit kein konkreter strafrechtlicher Bezug verknüpft werden soll, wird der Begriff „Selbstständigkeitserklärung“ verwendet (Theisen 2021, S. 221).

Achten Sie hier auf die für Sie relevanten Vorgaben der Ausbildungsinstitution.

Die Selbstständigkeitserklärung hat im Bericht eine Sonderstellung – die Platzierung erfolgt am Ende des Berichtes hinter dem Literatur- und Quellenverzeichnis oder, falls vorhanden, hinter dem Anhang. Manche Institutionen geben auch die Einbindung der Erklärung direkt hinter dem Deckblatt vor. Im Inhaltsverzeichnis erscheint die Selbstständigkeitserklärung als letzter Punkt ohne Seitenangabe (> Kap. 3).

> Kap. 3
> Baustein Y

Die genauen Vorgaben und Anforderungen sind von der jeweiligen Schul- oder Studienordnung, dem Lehrplan und den Prüfungsrichtlinien des einzelnen Bundeslandes abhängig. Falls es keine Vorgaben bezüglich Form und Inhalt der Selbstständigkeitserklärung gibt, finden Sie eine Vorlage im > Baustein Y: Selbstständigkeitserklärung.

Binden Sie die Erklärung in die Arbeit ein und versehen Sie diese erst nach dem Ausdrucken bzw. Kopieren handschriftlich mit Ort- und Datumsangabe und Ihrer Unterschrift.

8.3 Beachtung des Datenschutzes

Der Datenschutz ist auf jeder Ebene der Kinder- und Jugendhilfe und von allen darin Tätigen zu beachten. Das gilt auch für den Praktikumsbericht.

Informieren Sie sich bei der Leitung nach den Regelungen in Ihrer Einrichtung.

Im Rahmen des Datenschutzes müssen vom Träger verbindliche Regelungen auf Basis der rechtlichen Vorgaben für alle Mitarbeitenden getroffen werden, die die Daten der ihnen Anvertrauten und die der Mitarbeitenden schützen. In vielen Einrichtungen gibt es Datenschutzbeauftragte.

Achten Sie darauf,

- dass in Ihrem Bericht keine Rückschlüsse gezogen werden können auf Personen, die in Ihrer Praktikumseinrichtung betreut werden oder arbeiten,
- dass Sie nur Angaben zu Personen im Bericht benennen, die wirklich notwendig sind.

Vor Antritt Ihres Praktikums findet häufig eine Aufklärung und Belehrung zum Datenschutz statt. Zudem mussten Sie ggf. eine Verpflichtung zur Verschwiegenheit unterschreiben.

Bereiche, in denen der Schutz von Daten besonders beachtet werden muss

Abb. 8.4 Bereiche, in denen der Schutz von Daten besonders beachtet werden muss

Der Schutz von Sozialdaten im Bereich der Kinder- und Jugendhilfe ist (verbunden mit dem Bundesdatenschutzgesetz) in den §§ 61-68 SGB VIII geregelt:

Sozialdaten sind nach der EU-Richtlinie Art. 4 Nr. 1 der Datenschutzgrundverordnung (DSGVO) verknüpft mit dem Bundesdatenschutzgesetz (BDSG) personenbezogene Daten. Dies sind „alle Informationen, die sich auf eine identifizierte oder identifizierbare natürliche Person (im Folgenden „betroffene Person") beziehen; als identifizierbar wird eine natürliche Person angesehen, die direkt oder indirekt, insbesondere mittels Zuordnung zu einer Kennung wie einem Namen, zu einer Kennnummer, zu Standortdaten, zu einer Online-Kennung oder zu einem oder mehreren besonderen Merkmalen, die Ausdruck der physischen, physiologischen, genetischen, psychischen, wirtschaftlichen, kulturellen oder sozialen Identität dieser natürlichen Person sind, identifiziert werden kann".

Denken Sie daran, dass auch Fotos und Tonaufnahmen personenbezogenes Datenmaterial sind und Sozialdaten enthalten. Diese genießen einen besonders hohen Vertrauensschutz, mit dem entsprechend hohe Anforderungen insbesondere an deren digitale Verarbeitung einhergehen (vgl. Lepold u. a. 2021, S. 104).

Für den Datenschutz im Praktikumsbericht ist daher zu beachten:

- Verändern Sie Namen oder verwenden Sie einen beliebigen Buchstaben zur Kennzeichnung eines Kindes.
- Holen Sie Einwilligungserklärungen ein für die Verwendung von Fotos bzw. machen Sie Gesichter unkenntlich (> Baustein Z: Einwilligungserklärung zur Datenschutzwahrung bei der Verwendung von Kinderfotos).
- Verwenden Sie auf Ihren Geräten keine Fotos aus der Einrichtung, d. h., Fotos werden auf keinen Fall über Messenger-Dienste verschickt oder auf Social-Media-Plattformen eingestellt.
- Anonymisieren Sie durch Löschung und Unkenntlichmachung personenbezogene Daten der zu Betreuenden und ggf. auch der Mitarbeitenden.

- Achten Sie bei der Erstellung des Berichtes darauf, dass Sie keine personenbezogenen Daten der Kinder für andere zugänglich/sichtbar machen.
- Seien Sie verschwiegen und sprechen Sie nicht über Einrichtungsinterna.
- Zur Sicherheit speichern Sie Ihre Ausführungen passwortgeschützt und achten Sie auf regelmäßige Änderung von Passwörtern.
- Lassen Sie Ihre Berichte von der Praktikumsanleitung und/oder der Einrichtungsleitung vor Ort gegenlesen und genehmigen, um Rückschlüsse auf Personen auszuschließen. Oft ist dies von Seiten der Ausbildungsstelle verpflichtend vorgegeben. Erkundigen Sie sich nach dem Verfahren in Ihrer Praxiseinrichtung.

>Baustein Z

Auch wenn es im privaten Alltag üblich ist, spontan Texte und Bilder zu verschicken, müssen Sie im professionellen Alltag eine deutliche Grenze zum alltäglichem Verhalten ziehen und die Persönlichkeitsrechte von Kindern, Eltern und der Mitarbeitenden bewusst schützen.

CHECKLISTE ABSCHLUSSÜBERPRÜFUNG

Abschlussüberprüfung Form, Quellen, Datenschutz	Bemerkungen	✓
Habe ich die Vorgaben zu Umfang und Layout des Berichtes eingehalten?		
Ist der Text in Kapitel eingeteilt und sind die die Kapitel mit Überschriften versehen?		
Sind die Seitenzahlen korrekt und stimmen die Seitenzahlen mit den Angaben im Inhaltsverzeichnis überein?		
Ist der Bericht frei von Plagiaten? Habe ich alle Quellen korrekt angegeben?		
Welche Person meines Vertrauens liest den Bericht gegen?		
Benötige ich einen Anhang?		
Habe ich den Bericht im Hinblick auf Datenschutz überprüft?		
Welche Formblätter müssen beigefügt werden?		
Ist die Selbstständigkeitserklärung notwendig und ggf. eingefügt?		

Baustein X: Ein Literatur- und Quellenverzeichnis anlegen

Das Literatur- und Quellenverzeichnis wird nach *Nachnamen der Autoren* (bei Sammelwerken der Herausgeber, abgekürzt Hrsg. oder auch Hg.) alphabetisch geordnet. Die Quellen können auch in unterschiedliche Kategorien wie Fachliteratur, Zeitschriften und Internetquellen eingeteilt werden.

Der Autor oder die Autorin wird zitiert mit *Nachname, Vorname*. Bei mehr als drei Autoren oder Herausgebern schreibt man *„u.a."* (und andere). Danach folgt nach der Harvard-Methode das *Erscheinungsjahr* in Klammern, der Klammer folgt ein Doppelpunkt. Der Titel wird zitiert mit *Titel. Untertitel*. Handelt es sich nicht um die 1. Auflage, muss die *Auflage* genannt werden. Optional kann zusätzlich der Name des Verlages genannt werden, zum Schluss wird der *Erscheinungsort* genannt. Die Angaben werden hier durch *Punkt* voneinander getrennt. Fehlen ausnahmsweise bibliografische Angaben, können diese als fehlend, z. B. „o. O." (ohne Ortsangabe = ohne Erscheinungsort des Textes) gekennzeichnet werden.

Autorenbücher
Nachname, Vorname (Jahr): Titel des Buches. Untertitel. Auflage. Verlagsort
Beispiel:
Dohrmann, Wolfgang (2019): Die Facharbeit für Erzieherinnen und Erzieher. Ein Ratgeber für Lernende an Fachschulen für Sozialpädagogik. 3. Auflage. Hamburg

Sammelwerke
Nachname des Herausgebers, Vorname (Hrsg.)(Jahr): Titel. Untertitel. Auflage. Verlagsort
Beispiel:
Fried, Lilian; Roux, Susanna (Hrsg.)(2013): Handbuch Pädagogik der frühen Kindheit. 3. Auflage. Berlin

Aufsätze aus Sammelwerken
Autoren-Nachname, Vorname (Jahr): Titel des Aufsatzes. In: Name des Herausgebers, Vorname (Hrsg.): Titel des Sammelwerkes. Untertitel. Auflage. Verlagsort. S. X-XX
Beispiel:
Leu, Rudolf (2013): Beobachtung in der Praxis. In: Fried, Lilian; Roux, Susanna (Hrsg.): Handbuch Pädagogik der frühen Kindheit. 3. Auflage. Berlin. S. 250-261

Aufsätze aus Zeitschriften
Autoren-Nachname, Vorname (Jahr): Titel des Aufsatzes. Untertitel. In: Name der Zeitschrift. Nr. X. Monat/Jahr. S. X-XX
Beispiel:
Klein, Ferdinand (2022): Janusz Korczak, Wegbereiter der UN-Behindertenkonvention. Zur Erinnerung an seinen 80. Todestag im August 2022. In: Unsere Jugend. Nr. 7+8/2022. S. 340-350

Internetquellen
Autoren-Nachname, Vorname (Jahr): Titel des Artikels. Online unter https://www.adressierungderwebsiteimworldwideweb.com [Abrufdatum]
Beispiel:
Eimler, Kathrin (2021): Morgenkreis – Ziele, Durchführung, Sprachförderung. Online unter https://www.kindergartenpaedagogik.de/fachartikel/beschaeftigungen-methoden/morgenkreis-ziele-durchfuehrung-sprachfoerderung/ [31.05.24]

> Weitere Beispiele für Quellenangaben finden Sie im Literaturverzeichnis am Ende dieses Buches.

Baustein Y: Selbstständigkeitserklärung

Selbstständigkeitserklärung
Hiermit versichere ich, [Vorname Nachname], dass ich diesen Praktikumsbericht, welchen ich am [Datum der Abgabe] als PDF eingereicht habe, selbstständig verfasst, keine anderen als die angegebenen Quellen und Hilfsmittel benutzt und die Zitate kenntlich gemacht habe.

[Ort], [Datum] [Unterschrift]

Bei Abgabe in Papierform ist der Text entsprechend zu ändern:

Selbstständigkeitserklärung
Hiermit versichere ich, [Vorname Nachname], dass ich diesen Praktikumsbericht selbstständig verfasst, keine anderen als die angegebenen Quellen und Hilfsmittel benutzt und die Zitate kenntlich gemacht habe.

[Ort], [Datum] [Unterschrift]

Baustein Z: Einwilligungserklärung zur Datenschutzwahrung bei der Verwendung von Kinderfotos

Muster A

Einwilligung zur Nutzung von Fotos Ihres Kindes in meinem Praktikumsbericht

Ich/Wir (Vor- und Nachname/n) ____________________________

geb. am ____________________________

wohnhaft in ____________________________,

erkläre/n mich/uns damit einverstanden, dass Fotos meines/unseren Kindes ____________ ____________________________ [Name], die bei der Veranstaltung/Aktivität/Projekt am ____________________________ oder in der Zeit vom ____________________________ bis zum ____________________________ [Datum der Veranstaltung] in ____________________________ [Ort der Veranstaltung] angefertigt werden und auf denen dasKind und/oder ich/wir abgebildet sind/bin, wie folgt von der Praktikantin ____________________________ [Name] verwendet werden dürfen:

Nutzung als Bildmaterial im Praktikumsbericht

Ich/Wir bestätige/n hiermit, als Sorgeberechtigte/r meinem Kind den Inhalt der obigen Einverständniserklärung in geeigneter Weise erläutert zu haben.

Ort: ____________________________ am ____________________________

Unterschrift des/der Sorgeberechtigten ____________________________

Muster B

Einwilligungserklärung zur Verwendung von Kinderfotos in meinem Praktikumsbericht

Ich/wir ____________________________ (Name der oder des Erziehungsberechtigten) ____________________________ geb. am ____________________________, wohnhaft in ____________________________ willigen ein, dass Foto/s von meinem Kind, die ich/wir durch persönliche Einsicht genehmigt habe/n

☐ Einzelfoto ☐ Gruppenfoto

Name des Kindes ____________________________

durch ____________________________ (Name der Praktikantin) ____________________________ im Praktikumsbericht verwendet werden dürfen. Die Praktikantin stellt sicher, dass eine Verwendung der Fotos zu anderen Zwecken nicht vorgenommen wird.

____

Ort, Datum Unterschrift der/des Erziehungsberechtigten

Literatur- und Quellenangaben

Kapitel 1

Jugend- und Familienministerkonferenz/JFMK und Kultusministerkonferenz/KMK (2010): Weiterentwicklung der Aus-, Fort- und Weiterbildung von Erzieherinnen und Erziehern. Gemeinsamer Orientierungsrahmen „Bildung und Erziehung in der Kindheit" (Beschluss der Jugend- und Familienministerkonferenz vom 14.12.2010 und der Kultusministerkonferenz vom 16.09.2010) Onlineunterhttp://www.kmk.org/fileadmin/Dateien/veroeffentlichungen_beschluesse/2010/2010_09_16-Ausbildung-Erzieher-KMK-JFMK.pdf [31.05.2024]

Kapitel 3

B-L-KS DQR: Bund-Länder-Koordinierungsstelle für den Deutschen Qualifikationsrahmen für lebenslanges Lernen (2013): Handbuch zum deutschen Qualifikationsrahmen. Struktur – Zuordnungen – Verfahren – Zuständigkeiten. Online unter https://www.dqr.de/dqr/shareddocs/downloads/media/content/dqr_handbuch_01_08_2013.pdf?__blob=publicationFile&v=1 [31.05.2024]

Hofer, Roswitha (2022): Die Bedeutung von Reflexionskompetenz für die Gestaltung einer verantwortungsvollen elementarpädagogischen Praxis. In: Pädagogische Horizonte. Heft 6. 1/2022. S. 21-40. Online unter https://paedagogische-horizonte.at/index.php/ph/article/view/160/139 [31.05.2024]

Trager, Bernhard (2012): Förderung von Selbstreflexion bei pädagogischen Professionals mithilfe von E-Portfolios. Online unter https://opus4.kobv.de/opus4-fau/frontdoor/index/index/docId/2277 [31.05.2024]

Kapitel 4

Dahrendorf, Ralf (2006): Homo sociologicus. 16. Auflage. Wiesbaden.

Kapitel 5

Alemzadeh, Marjan/**Schäfer,** Gerd E. (2021): Eine Orientierungshilfe zum Wahrnehmenden Beobachten. Online unter https://www.wahrnehmendes-beobachten.de/downloads [31.05.2024]

Andres, Beate/**Laewen,** Hans-Joachim (2011) : Das infans-Konzept der Frühpädagogik. Bildung und Erziehung in Kindertagesstätten. Kiliansroda

Barth, Karlheinz (2022): Die Diagnostische Einschätzskalen (DES) zur Beurteilung des Entwicklungsstandes und der Schulfähigkeit. München/Basel

Beller, Simone (2016): Kuno Bellers Entwicklungstabelle 0-9. 10., komplett überarbeitete und erweiterte Auflage. Berlin

Casseé, Kitty (2010): Kompetenzorientierung. Eine Methodik für die Kinder- und Jugendhilfe. Ein Praxisbuch mit Grundlagen, Instrumenten und Anwendungen. 2. Auflage. Bern, Stuttgart, Wien

Haug-Schnabel, Gabriele/**Bensel,** Joachim (2016): Kinder beobachten und ihre Entwicklung dokumentieren. In: Kindergarten heute/Wissen kompakt. 12. Auflage. Freiburg i. Br.. S. 17-18

Hebenstreit-Müller, Sabine (2019): Leuvener Engagiertheitsskala. Online unter https://www.socialnet.de/lexikon/Leuvener-Engagiertheitsskala [31.05.2024]

Hofbauer, Christiane/**Mayr,** Toni/**Simic,** Mirjana/**Ulich,** Michaela/(2012): Selsa: Sprachentwicklung und Literacy bei Kindern im Schulalter (1-4 Klasse). Freiburg i. Br.

Kieferle, Christa/**Mayr,** Toni/**Schauland,** Nesiré (2017): Liseb – Starterpaket. 2. Auflage. Freiburg

Koglin, Ute/**Petermann,** Franz/**Petermann,** Ulrike (2017): Entwicklungsbeobachtung und –dokumentation EBD 48-72 Monate. Eine Arbeitshilfe für pädagogische Fachkräfte in Kindergarten und Kindertagesstätten. 7. Auflage. Berlin

Koglin, Ute/**Petermann,** Franz/**Petermann,** Ulrike (2023). Entwicklungsbeobachtung und –dokumentation EBD 3-48 Monate. Eine Arbeitshilfe für pädagogische Fachkräfte in Kindergarten und Kindertagesstätten. 10. Auflage. Berlin

Krause, Martin/**Mayr,** Toni: KOMPIK – Kompetenzen und Interessen von Kindern Online unter http://www.kompik.de/ueber-kompik/fuer-einsteiger/hintergrund-und-ziel.html [31.05.2024]

Lepold, Marion/**Lill,** Theresa/**Tuffentsammer,** Mathias (2021): Digitale Beobachtung und Dokumentation in der Kita. Freiburg/Basel/Wien

Leu, Hans Rudolf (2013): Beobachtung in der Praxis, In: Fried, Lilian/Roux, Susanna (Hrsg.): Handbuch Pädagogik der frühen Kindheit. 3., überarb. Auflage. Berlin. S. 250-261

Leu, Hans Rudolf/**Fläming,** Katja/**Frankenstein,** Yvonne u.a. (2015): Bildungs- und Lerngeschichten – Bildungsprozesse in früher Kindheit beobachten, dokumentieren und unterstützen. 6. Auflage. Weimar

Mayr, Toni/**Ulich,** Michaela (2003): Sismik – Sprachverhalten und Interesse an Sprache bei Migrantenkindern in Kindertageseinrichtungen. Ein Beobachtungsbogen mit Begleitheft. München.

Mayr, Toni/**Ulich,** Michaela (2006): Seldak. Sprachentwicklung und Literacy bei deutschsprachig aufwachsenden Kindern. Freiburg i. Br.

Mayr, Toni/**Ulich,** Michaela (2007): PERIK. Positive Entwicklung und Resilienz im Kindergartenalltag, 2. Auflage. Freiburg i. Br.

Moreno, Jakob L. (1996): Die Grundlagen der Soziometrie. Wege zur Neuordnung der Gesellschaft. 4. Auflage. Wiesbaden/Weimar

Paulussen, Kerstin (2021): Gruppenbeobachtung und Soziogramm – Teil 5. Online unter https://www.kindergartenpaedagogik.de/fachartikel/gruppenleitung-erzieherin-kind-beziehung-partizipation/beziehungsgestaltung-gespraechsfuehrung-konflikte/gruppenbeobachtung-und-soziogramm/ [31.05.2024]

Popp, Verena/**Ungerer-Röhrich,** Ulrike (2015): Mein Porträt. Ressourcenorientiert beobachten. Berlin

Schubert-Suffrian, Franziska/**Regner,** Michael (2022): Portfolioarbeit mit Kindern. Freiburg i. Br.

Viernickel, Susanne/**Völkel,** Petra (2022): Beobachten und Dokumentieren im pädagogischen Alltag. Freiburg i. Br.

Kapitel 6

Bäck, Gabriele/**Haijszan**, Michaela u.a. (2008): Praktisch didaktisch. Grundlagen der Kindergartendidaktik. Wien

Boll, Astrid (2020): Das Kreuz der Elementardidaktik. Bedeutung der intuitiven Mathetik als Lernkunst der Kinder im Kontext der Bildungsplanung. Bad Heilbrunn

Drieschner, Elmar (2010): Bildung als Selbstbildung oder Kompetenzentwicklung? Zur Ambivalenz von Kind- und Kontextorientierung in der frühpädagogischen Bildungsdebatte. In: Gaus, D./Drieschner, E. (Hrsg.): "Bildung" jenseits pädagogischer Theoriebildung? Fragen zu Sinn, Zweck und Funktion der Allgemeinen Pädagogik. Wiesbaden. S. 183-220

Ellermann, Walter (Hrsg.)(2021):: Methodik der Bildungsarbeit in Kindertagesstätten. Kinder in der Praxis anregen, unterstützen und fördern. 2. Auflage. Hamburg

Frey, Karl (2012): Die Projektmethode. Der Weg zum bildenden Tun. 12. Auflage. Weinheim

Fried, Lilian (2008): Bildung und didaktische Kompetenz. In: Thole, Werner u.a. (Hrsg.): Bildung und Kindheit. Pädagogik der frühen Kindheit in Wissenschaft und Lehre. Leverkusen. S- 141-151

Jank, Werner/**Meyer,** Hilbert (2014): Didaktische Modelle. Berlin

Kasüschke, Dagmar (Hrsg.)(2010): Didaktik in der Pädagogik der frühen Kindheit. Kronach

Kasüschke, Dagmar (2016): Kinderstärkende Pädagogik und Didaktik in der Kita. Stuttgart

Klafki, Wolfgang (1964): Neue Studien zur Bildungstheorie und Didaktik. Zeitgemäße Allgemeinbildung und kritisch-konstruktive Didaktik. Weinheim und Basel

König, Anke (2010): Interaktion als didaktisches Prinzip. Bildungsprozesse bewusst gestalten und begleiten. Troisdorf

Kron, Friedrich W., **Jürgens**, Eiko, **Standop**, Jutta (2014): Grundwissen Didaktik. 6., überarb. Auflage. Stuttgart

Küls, Holger (2012): Projekte ko-konstruktivistisch planen und durchführen. Köln

Laewen, Hans-Joachim (2013): Funktionen der institutionellen Früherziehung: Bildung, Erziehung, Betreuung, Prävention. In: Fried, Lilian/Roux, Susanna (Hrsg.): Handbuch Pädagogik der frühen Kindheit. Berlin. 3. Auflage. S. 96-106

Lorentz, Gerda (1998): Freispiel im Kindergarten. Chancen seines bewussten Einsatzes. 11. Auflage. Freiburg i. Br.

Martin, Ernst (2005): Didaktik der sozialpädagogischen Arbeit. Probleme, Möglichkeiten und G zialpädagogischen Handelns. 6. Auflage. Weinheim

Meyer, Hilbert; **Meyer,** Meinert (2013): Über die Wirksamkeit der Unterrichtsformen. In Hellmer, Julia/ Doris (Hrsg.), Schule im Umbruch begleiten. Opladen/Berlin/Toronto. S. 35 – 49

Neuß, Norbert/**Westerholt**, Friederike (2010): Didaktische Formen und Momente in der elementarpä gogischen Praxis – Dimensionen didaktischen Handelns im Elementarbereich. In: Kasüschke, Dagm (Hrsg.) Didaktik der Pädagogik der frühen Kindheit. Kronach. S. 199-224

Schelle, Regine (2011): Die Bedeutung der Fachkraft im frühkindlichen Bildungsprozess. Didaktik im Elementarbereich. München

Schelle, Regine; **Friederich**, Tina (2023): Interaktionsorientierte Didaktik der Frühpädagogik. Konzepte und Prinzipien. Stuttgart

Sturzbecher, Dietmar u.a. (2018). Frühkindliche Bildung im Wandel. In: Meier, Bernd (Hrsg.): Unser Bildungsverständnis im Wandel. Berlin. S. 105-146

Kapitel 7

Halfmann, Katrin (2023): Haltung. Ein Praxisbuch für mehr Professionalität im pädagogischen Alltag. Hamburg

Pfister, Andreas (2017): Praktika im Studium Soziale Arbeit. Das Verhältnis von Theorie und Praxis vor dem Hintergrund eines kritisch verstandenen Kompetenzbegriffs. In: Soziale Arbeit. Zeitschrift für soziale und sozialverwandte Gebiete. 04/2017. 66. Jahrgang. S. 128 – 133.

Schulz, Andreas (2021): Ein neugieriger Blick auf sich selbst. Anregungen zur Selbstreflexion. Online unter https://www.nifbe.de/component/themensammlung?view=item&id=996:ein-neugieriger-blick-auf-sich-selbst&catid=29 [31.05.2024]

Kapitel 8

Dohrmann, Wolfgang (2019): Die Facharbeit für Erzieherinnen und Erzieher. Ein Ratgeber für Lernende an Fachschulen für Sozialpädagogik. 3. Auflage. Hamburg

Jele, Harald (2021): Richtig zitieren. 4. Auflage. Stuttgart

Karmasin, Matthias/**Ribing,** Rainer (2019). Die Gestaltung wissenschaftlicher Arbeiten. Ein Leitfaden für Seminararbeiten, Bachelor-, Master- und Magisterarbeiten, Diplomarbeiten und Dissertationen. 10., überarbeitete und aktualisierte Auflage. Wien

Theisen, Manuel Renè (2021): Wissenschaftliches Arbeiten – Erfolgreich bei Bachelor- und Masterarbeit. 18., neu bearbeitete und gekürzte Auflage. München

…hnis

…g, Bonn: S. 129

…1/3

…edmond, USA: S. 34/1 (Microsoft Word); 34/2 (Microsoft Word)

…k of Apple Inc., registered in the U.S. and other countries and regions.: S. 34/3 (Pages iOS); 35

… & Black, Köln: S.43; 51; 61; 70; 74; 82; 84; 91/2c; 92; 94; 125; 136

…rstock Images LLC, New York, USA: S. 91/1

…pehzies Illustration, Hamburg: S. 7; 12; 23; 40; 57; 76; 107; 124

www.singkinderlieder.de: S. 91/2